This edition exclusive to

(949) 587-9207

4 North Parade, Bath, BA! 1LF

Printed in China.

ISBN 1-55280-082-2

[illegible]
ipcrito malent contemnere
preclara quam discere: et de
to magis rivo quam de pu-
teo potare. Explicit prolog?
Liber hymnorum vel soliloquiorum

Beatus vir qui nõ
abiit in consilio im-
piorũ: et in via pec-
catorum nõ stetit:
et in cathedra pesti-
lencie nõ sedit. Sed
in lege domini volũtas eius: et in lege
eius meditabit die ac nocte. Et erit
tamquam lignũ quod plantatum est secus
decursus aquarũ: qd fructũ suũ dabit
in tempore suo. Et foliũ eius nõ defluet: et
omnia quecũq faciet prosperabuntur.
Non sic impii nõ sic: sed tamquã pul-
vis quem proicit ventus a facie terre. Ideo
non resurgũt impii in iudicio: neq
peccatores in cõsilio iustorũ. Quoniã
novit dominus viã iustorũ: et iter
impiorũ peribit. Psalmus david.
Quare fremuerunt gentes: et populi me-
ditati sunt inania? Astiterunt re-
ges terre et principes convenerunt in
unum: adversus dñm et adversus cristũ ei?.
Dirumpam? vincula eorũ: et proiciam?
a nobis iugũ ipsorũ. Qui habitat in ce-
lis irridebit eos: et dñs subsannabit eos.
Tunc loquetur ad eos in ira sua: et in
furore suo conturbabit eos. Ego au-

in ira sua. Servite dño in ti-
more et exultate ei cum tremore. Ap-
prehendite disciplinam: ne quando irasca-
tur dñs et pereatis de via iusta. Cum ex-
arserit in brevi ira eius: beati omnes
qui confidunt in eo. Psalmus david.
Cum fugeret a facie absalon
Domine quid multiplicati
sunt qui tribulant me: multi in-
surgunt adversum me. Multi dicunt a-
nime mee: non est salus ipsi in deo eius. Tu
autem domine susceptor meus es: glori-
a mea et exaltans caput meum. Voce
mea ad dominum clamavi: et exaudivit
me de monte sancto suo. Ego dormivi et soporatus
sum: et exsurrexi quia dominus suscepit
me. Non timebo milia popu-
li circumdantis me: exsurge dñe salvum me fac deus
meus. Quoniam tu percussisti
omnes adversantes michi sine cau-
sa: dentes peccatorum contrivisti. Domini
est salus: et super populum tuum bene-
In finem in carminibus.
Cum invocarem exaudivit
me deus iusticie mee: in tribula-
cione dilatasti michi. Miserere mei: et exau-
di oracionem meam. Filii hominum us-
quequo gravi corde: ut quid dili-
gitis vanitatem et queritis mendacium? Et scitote
quoniam mirificavit dominus sanctum suum:
dominus exaudiet me cum clamavero ad
eum. Irascimini et nolite peccare: que dici-
tis in cordibus vestris et in

Daily Journal

DS-MAX

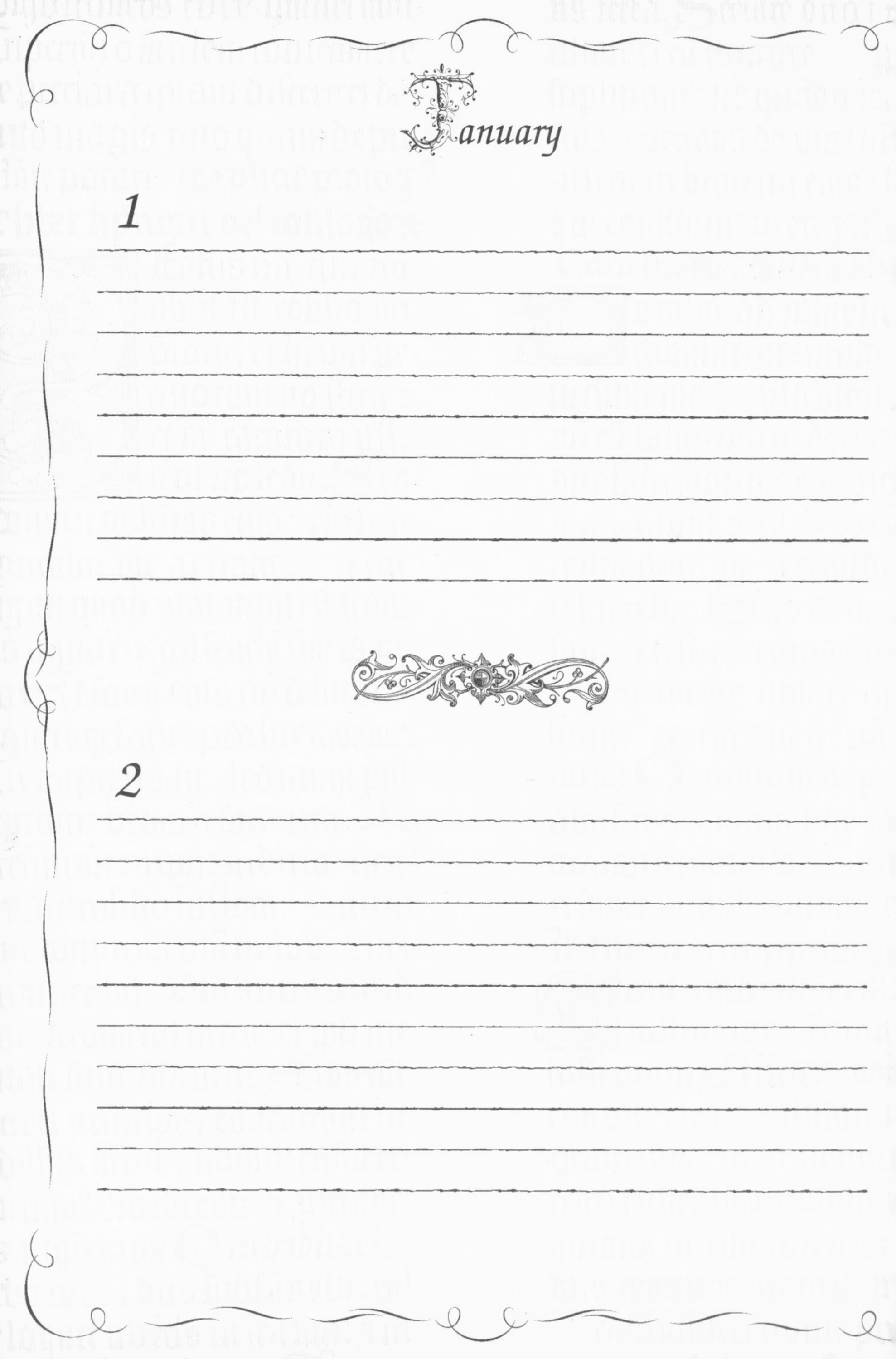

January

1

2

January

3

4

January

5

6

January

7

Notes

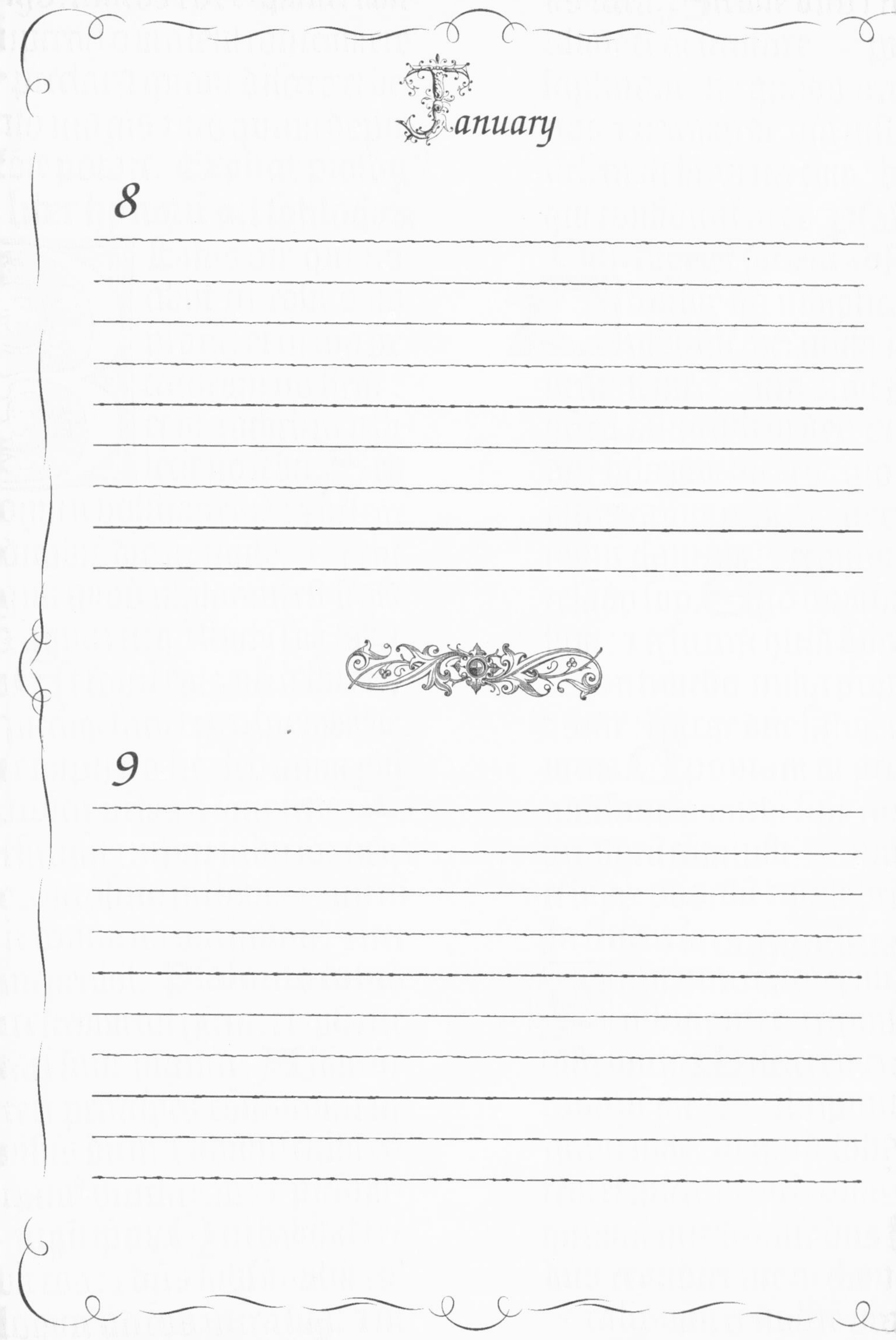

January

8

9

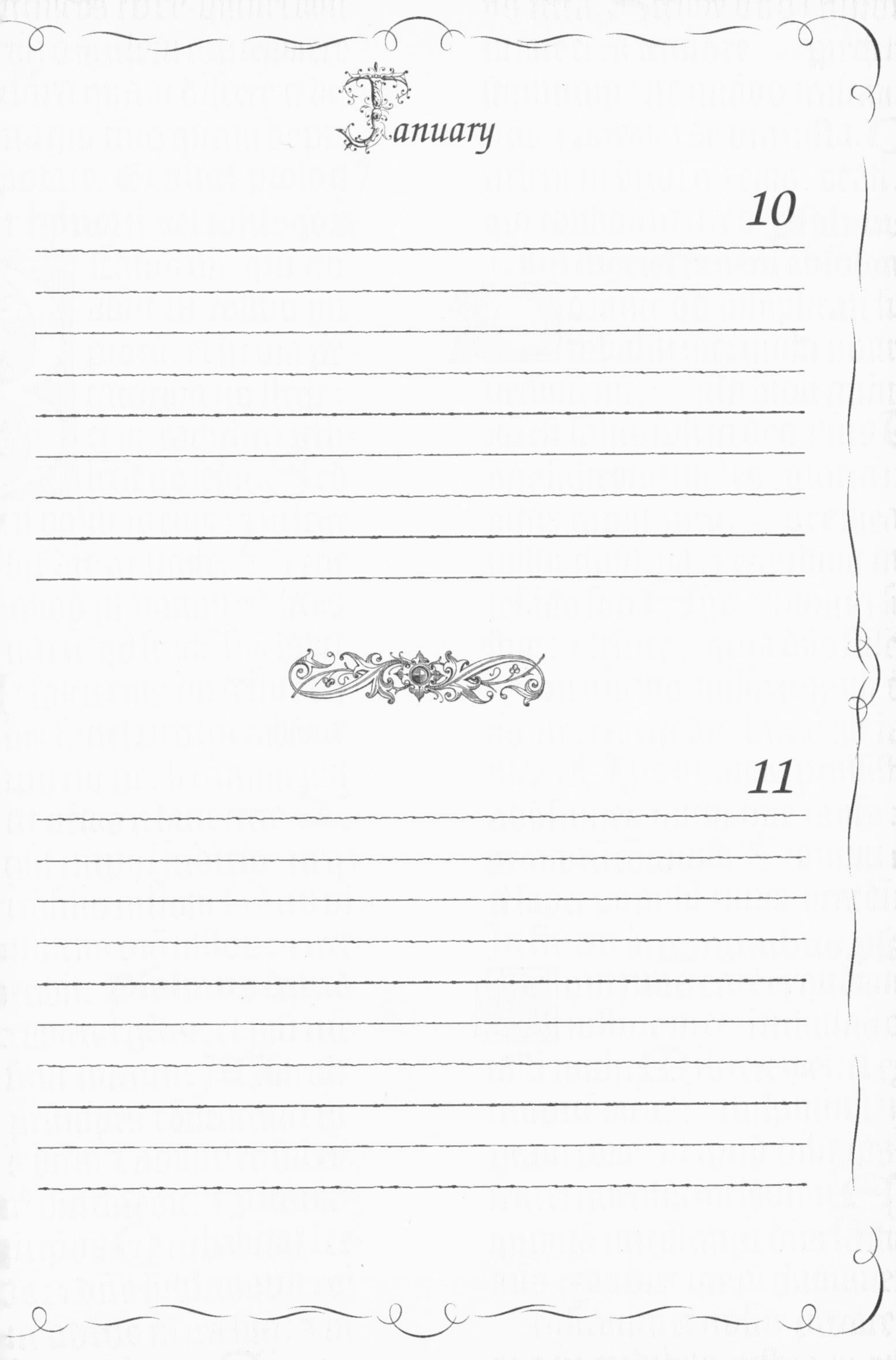

January

10

11

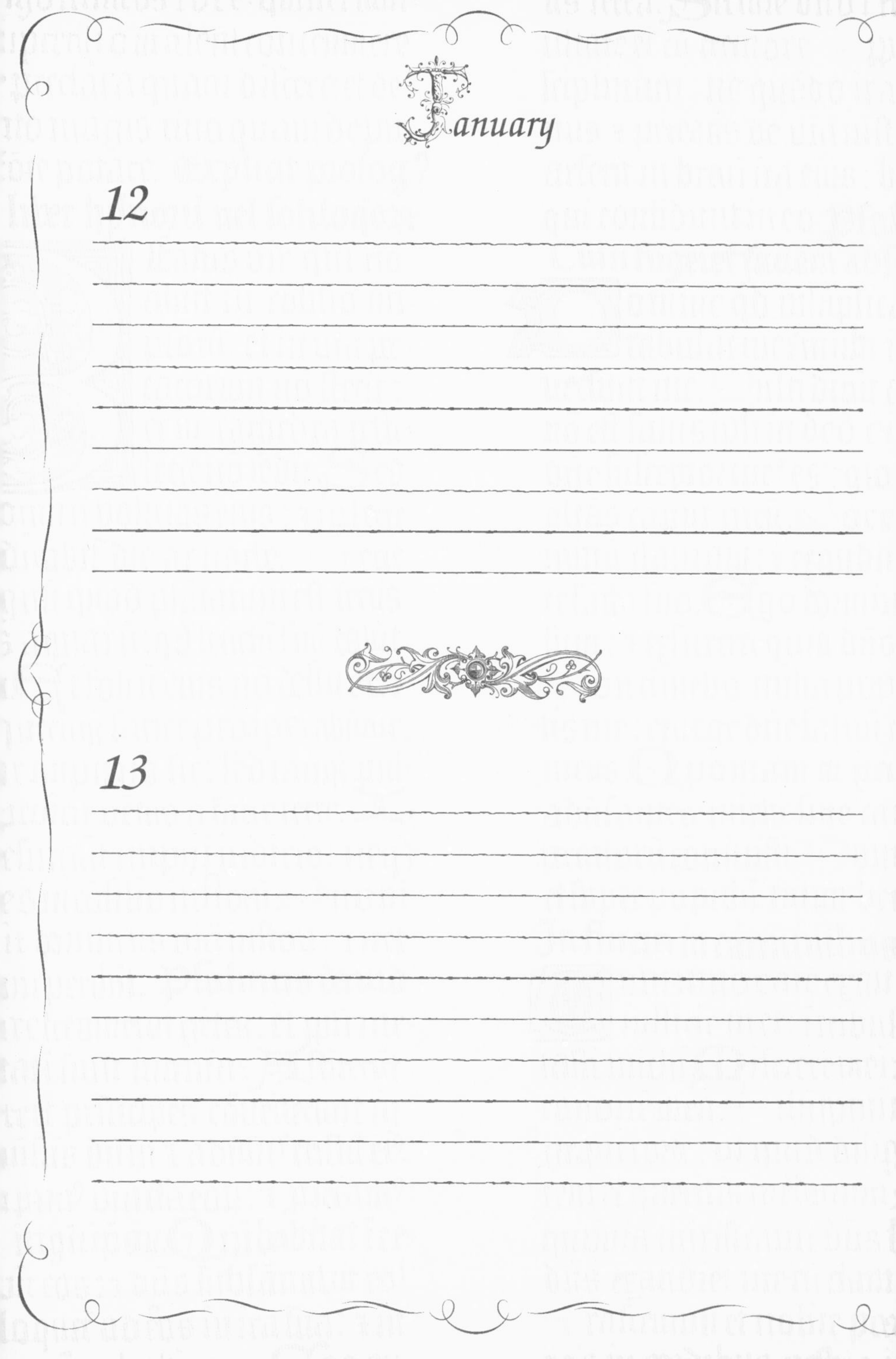

January

12

13

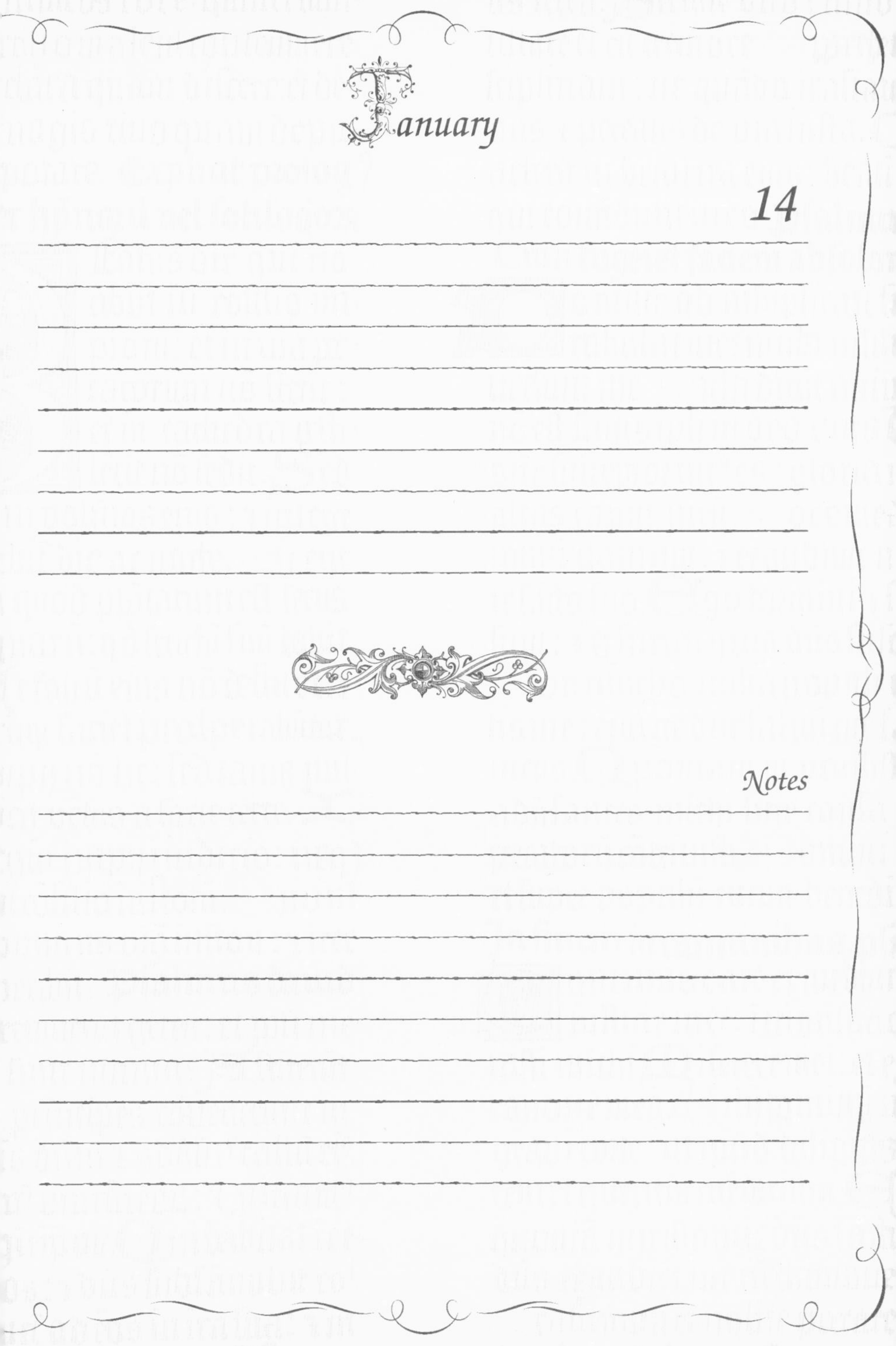

January

14

Notes

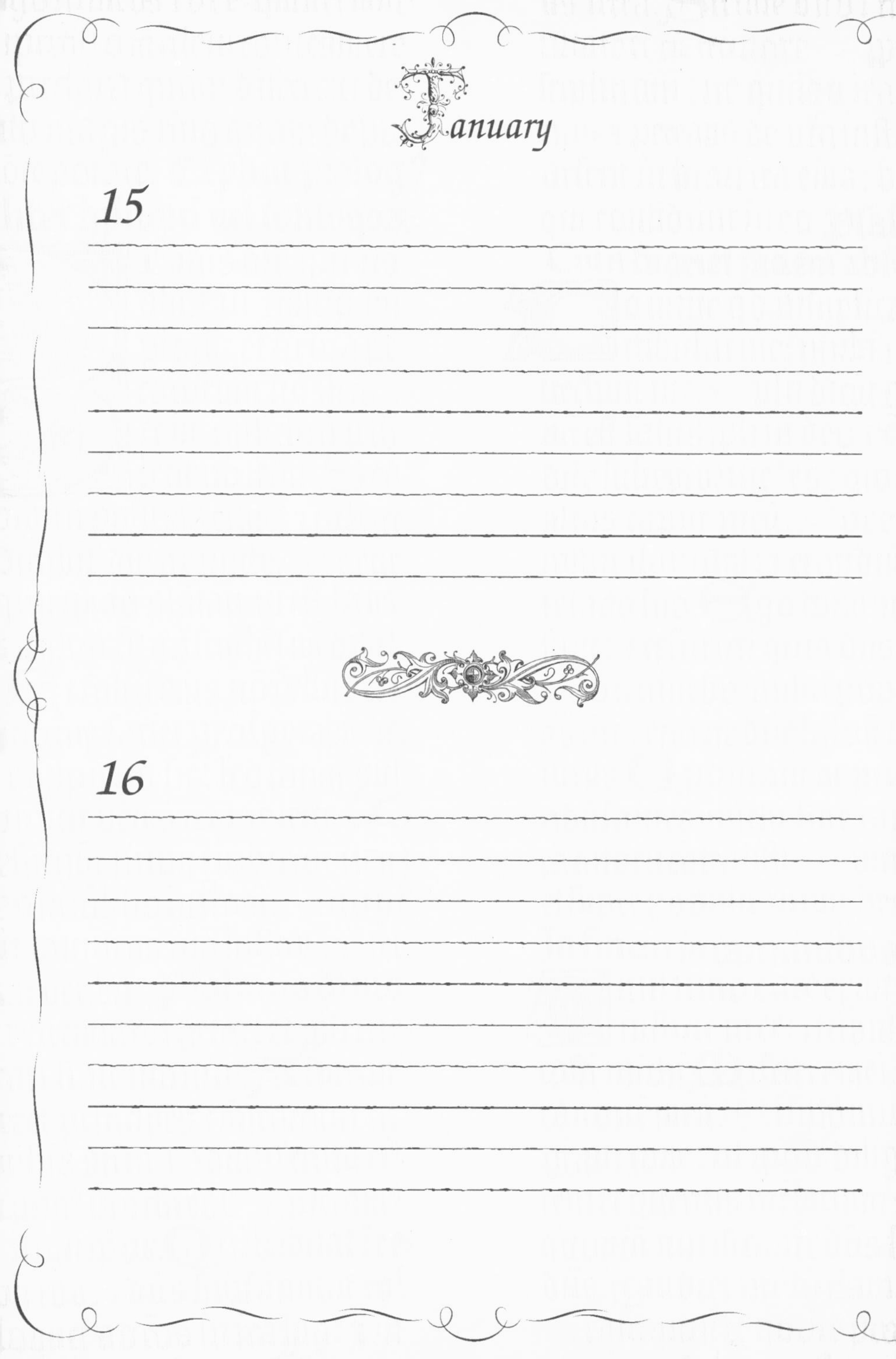

January

15

16

January

17

18

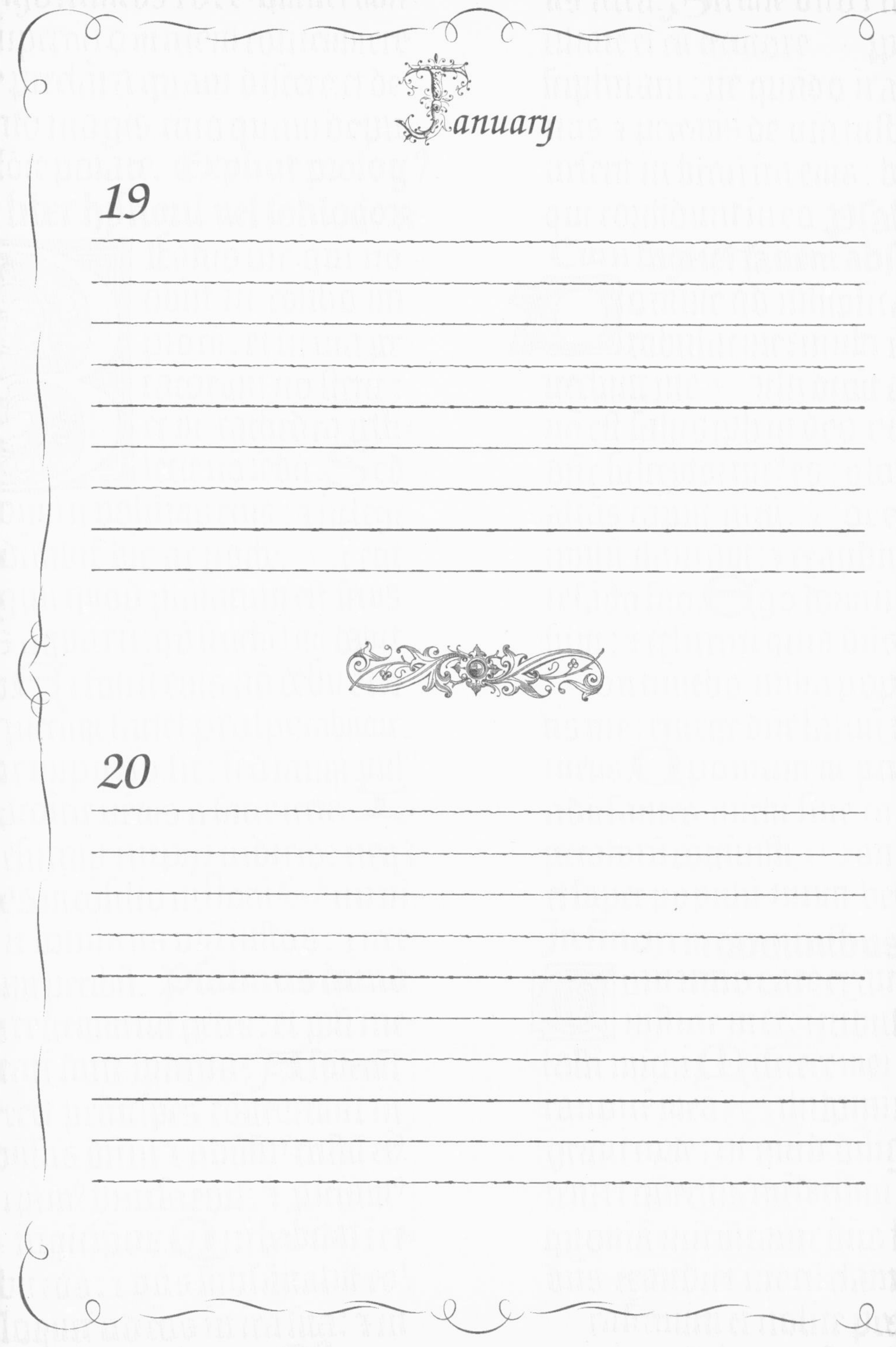

January

19

20

January

21

Notes

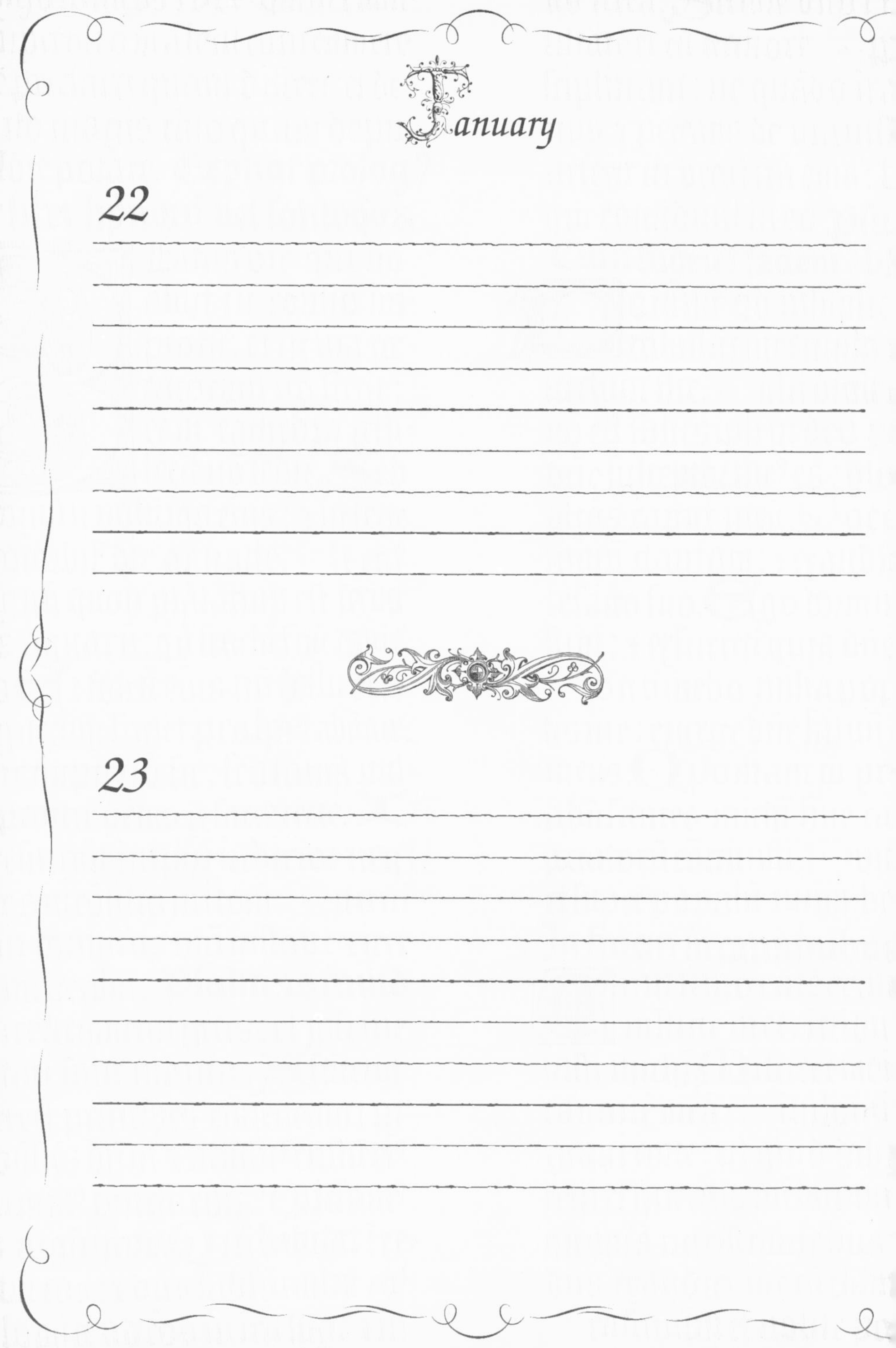

January

22

23

January

24

25

January

26

27

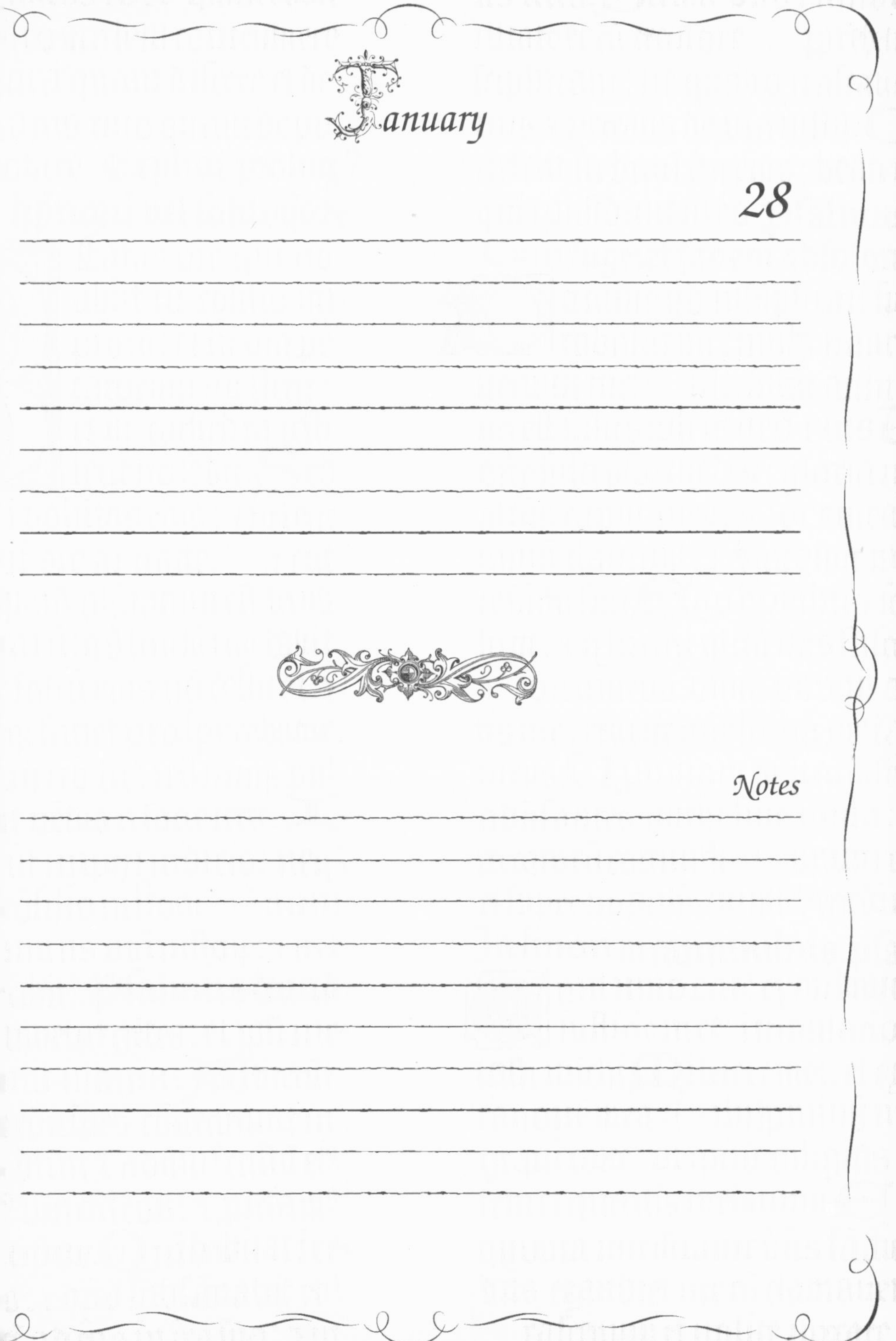

January

28

Notes

January

29

30

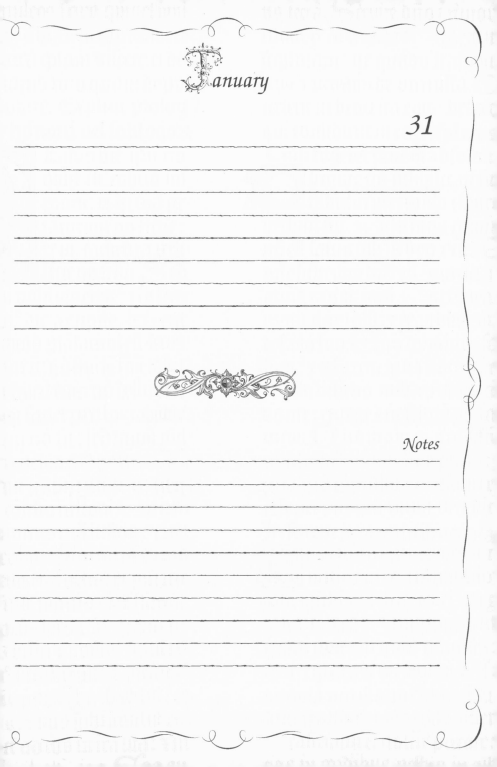

January

31

Notes

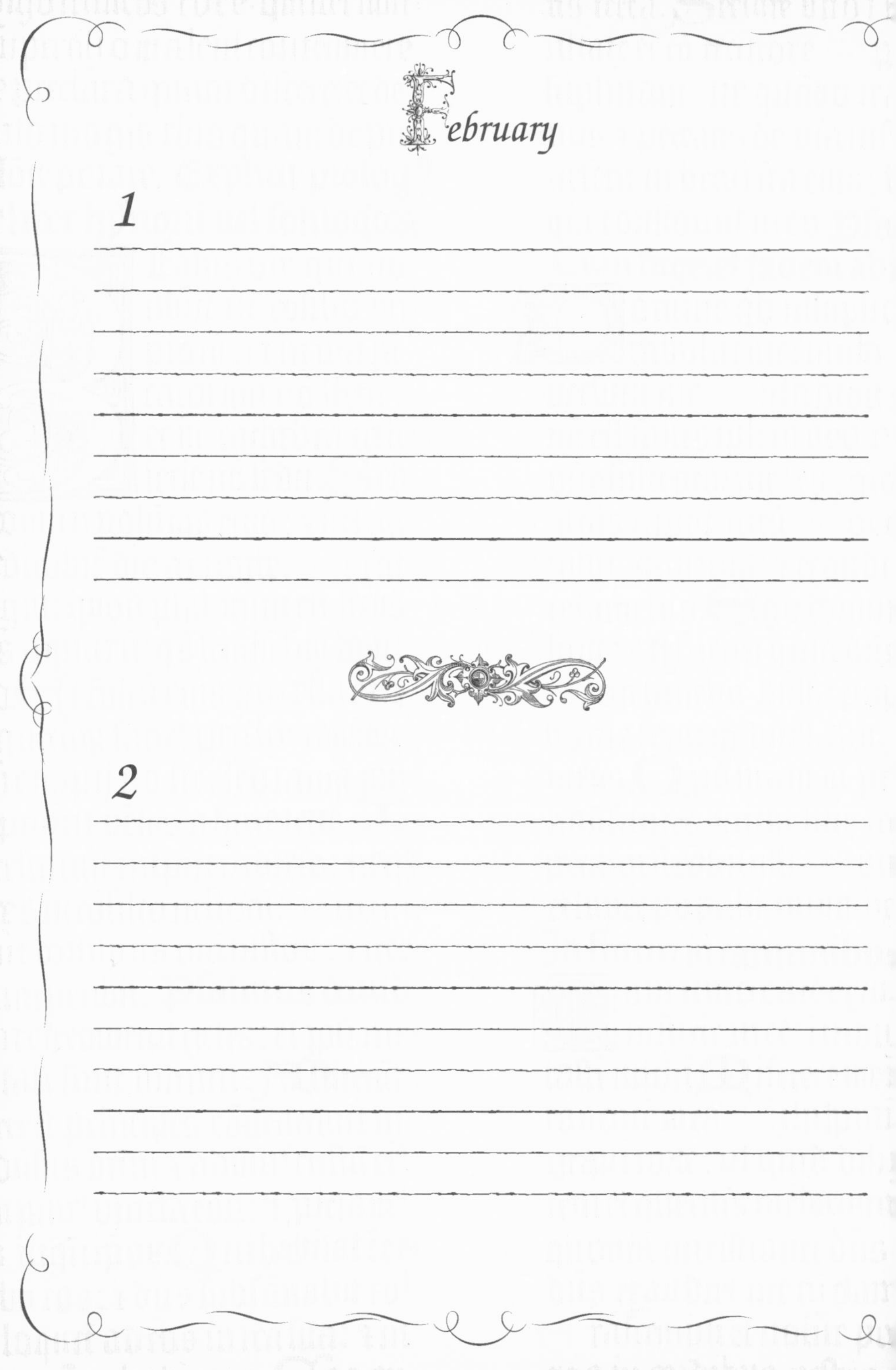

February

1

2

February

3

4

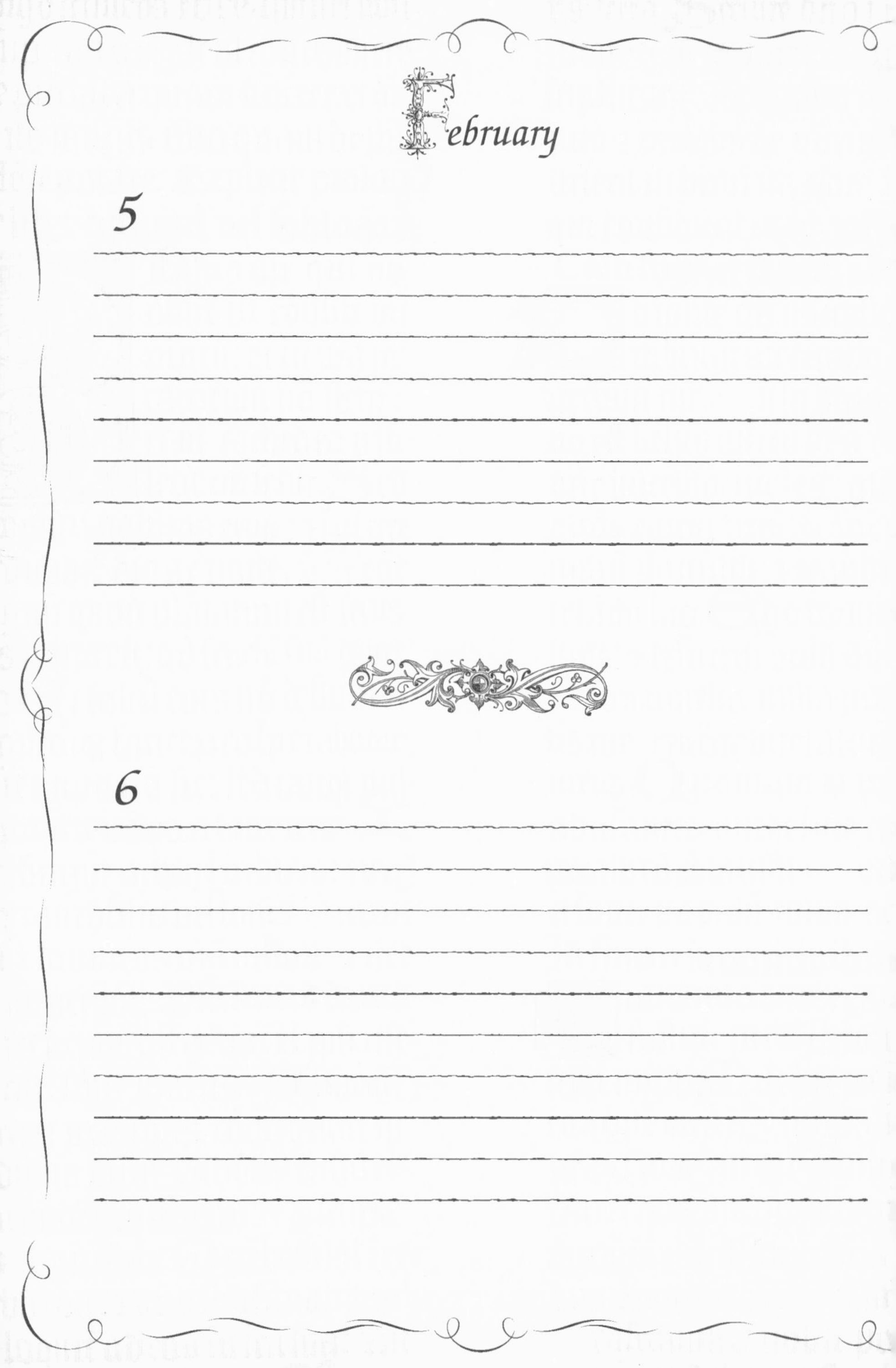

February

5

6

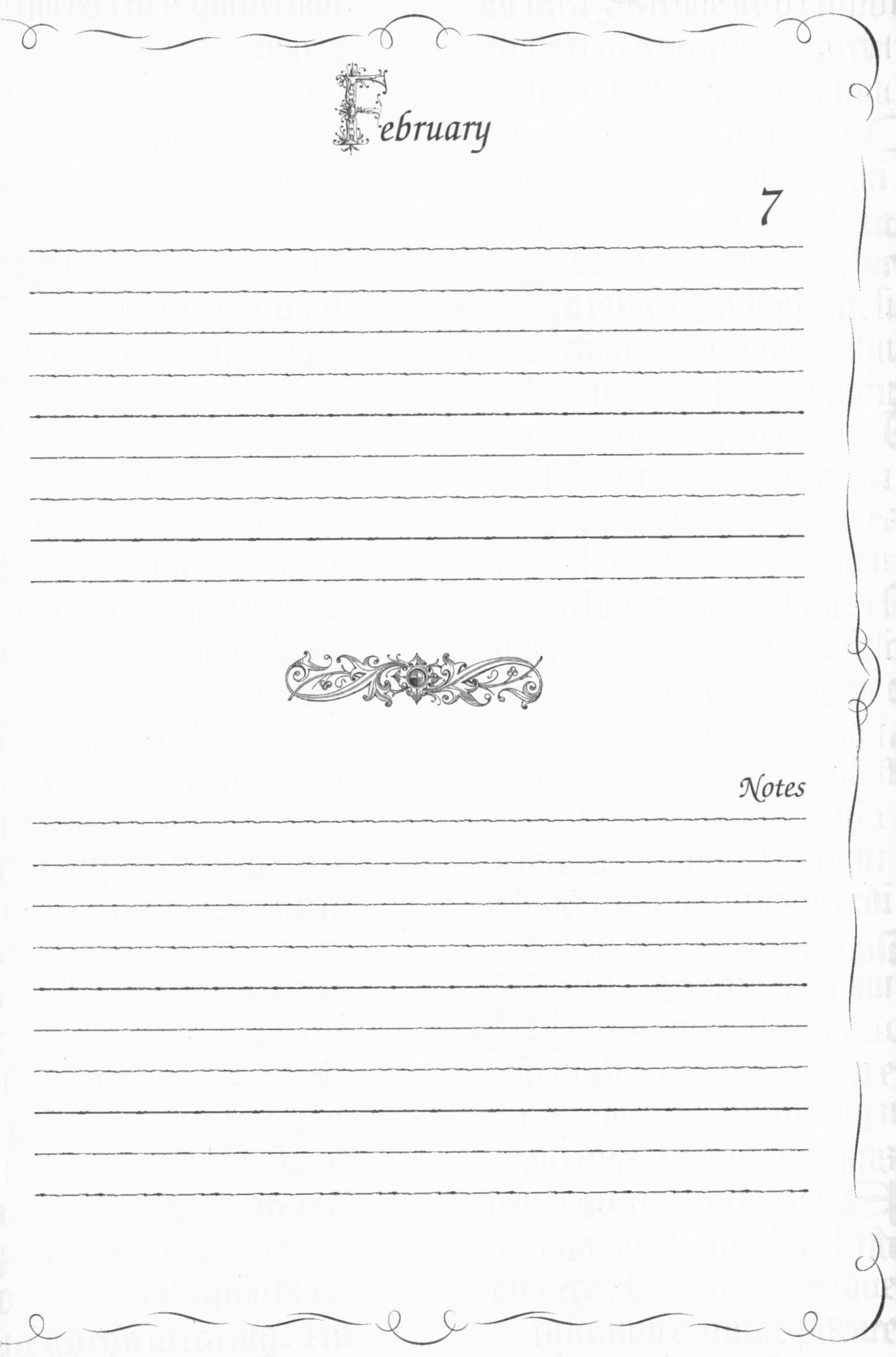

February

7

Notes

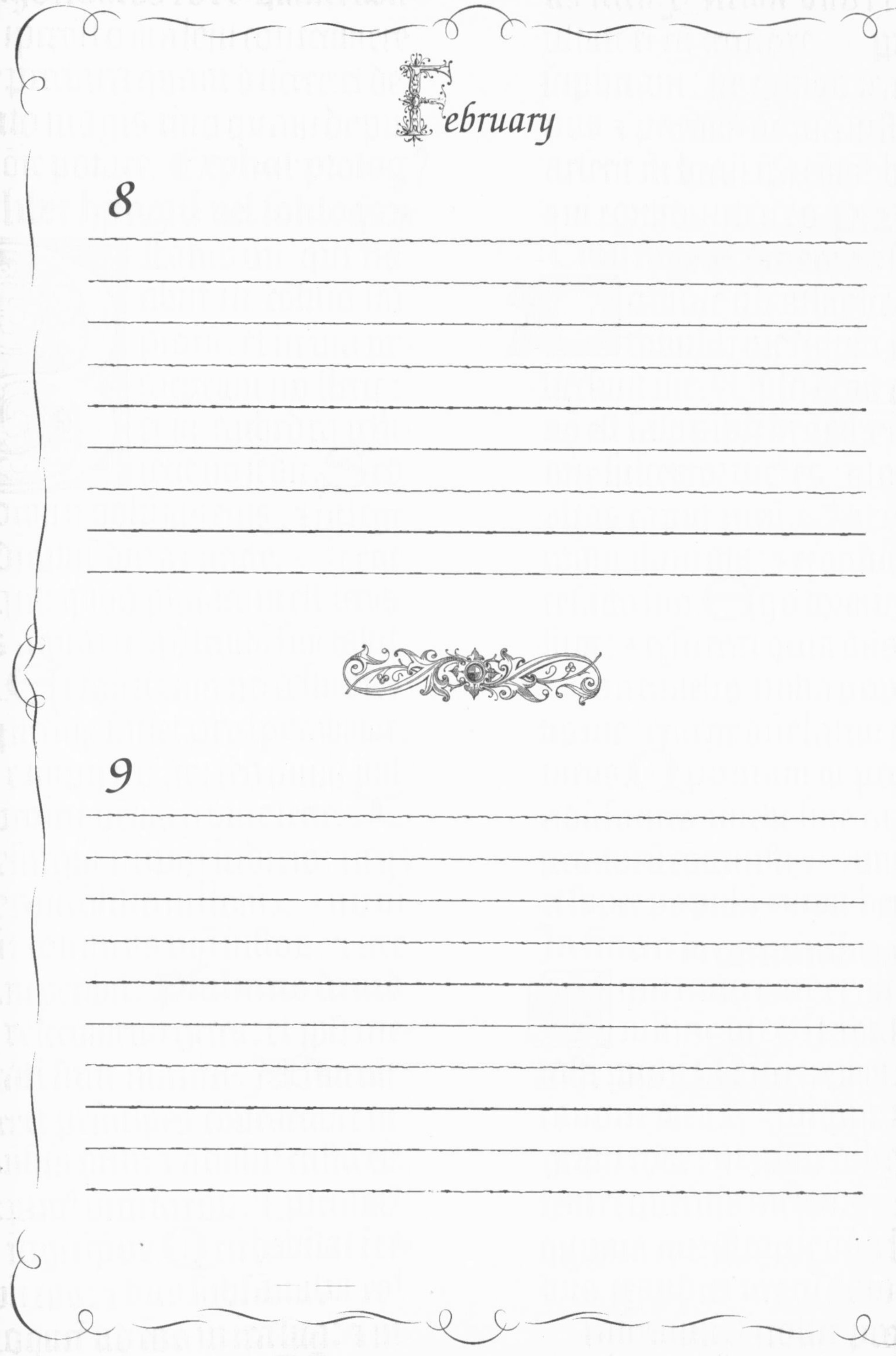

February

8

9

February

10

11

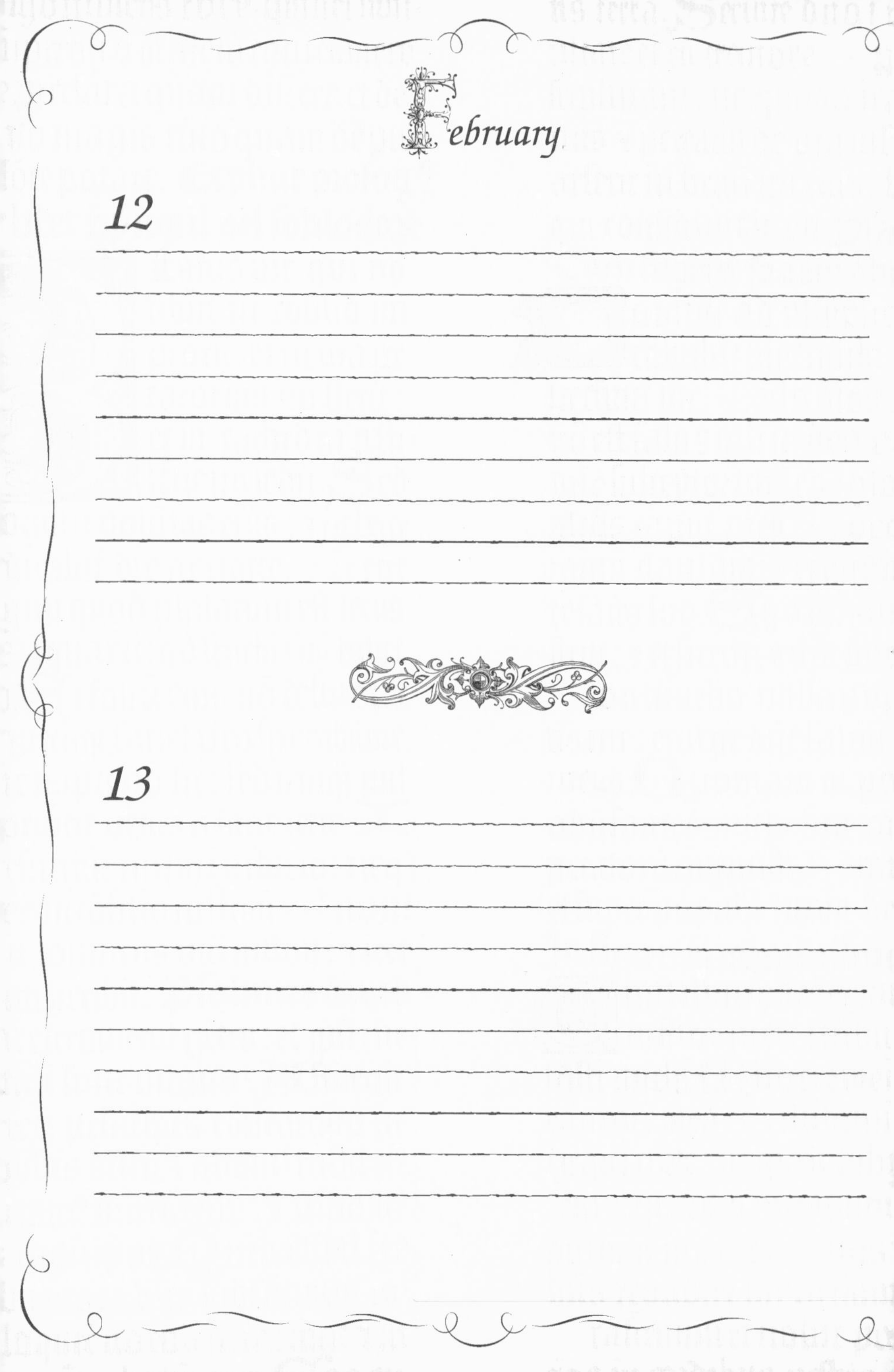

February

12

13

February

14

Notes

February

15

16

February

17

18

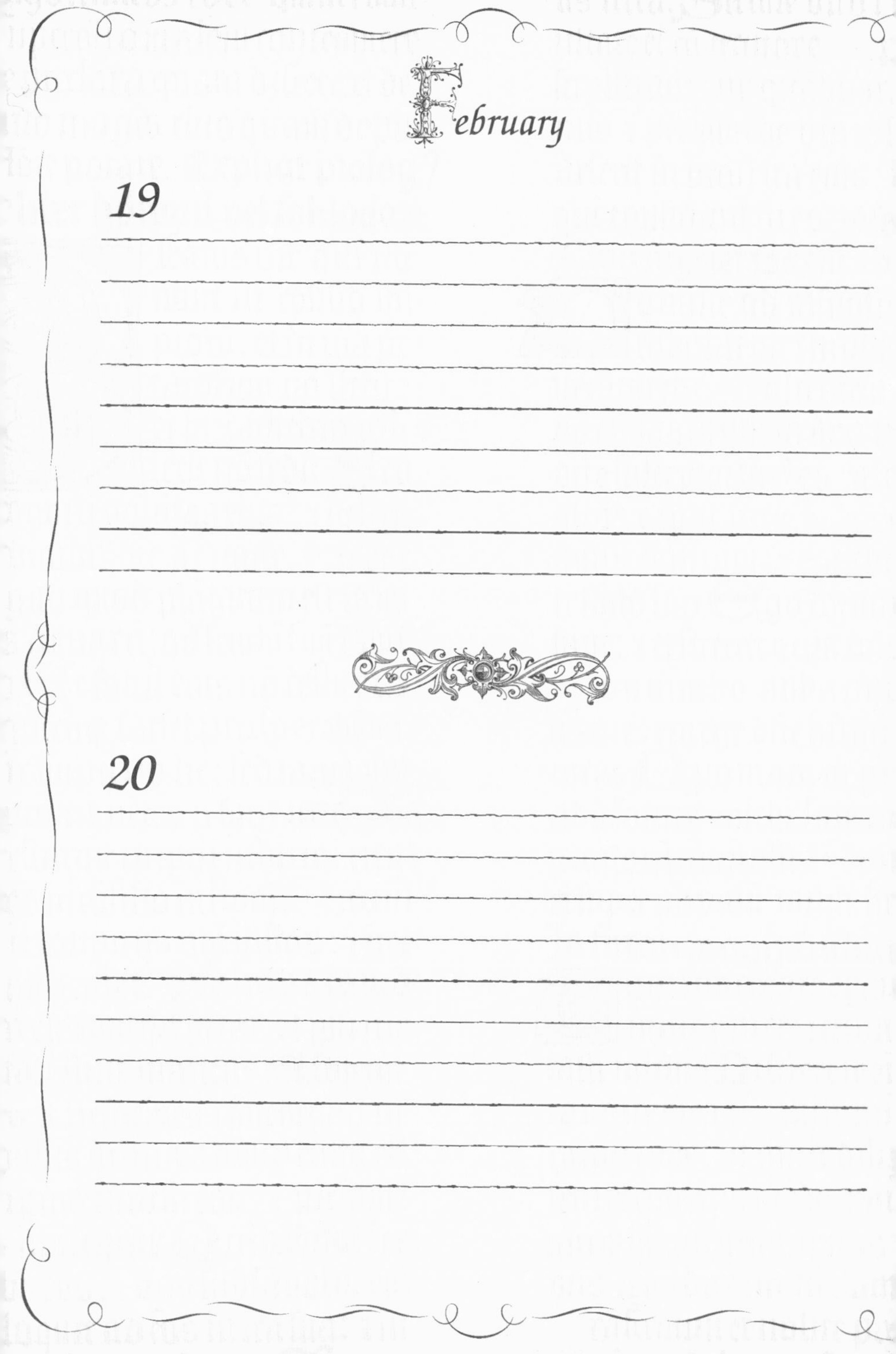

February

19

20

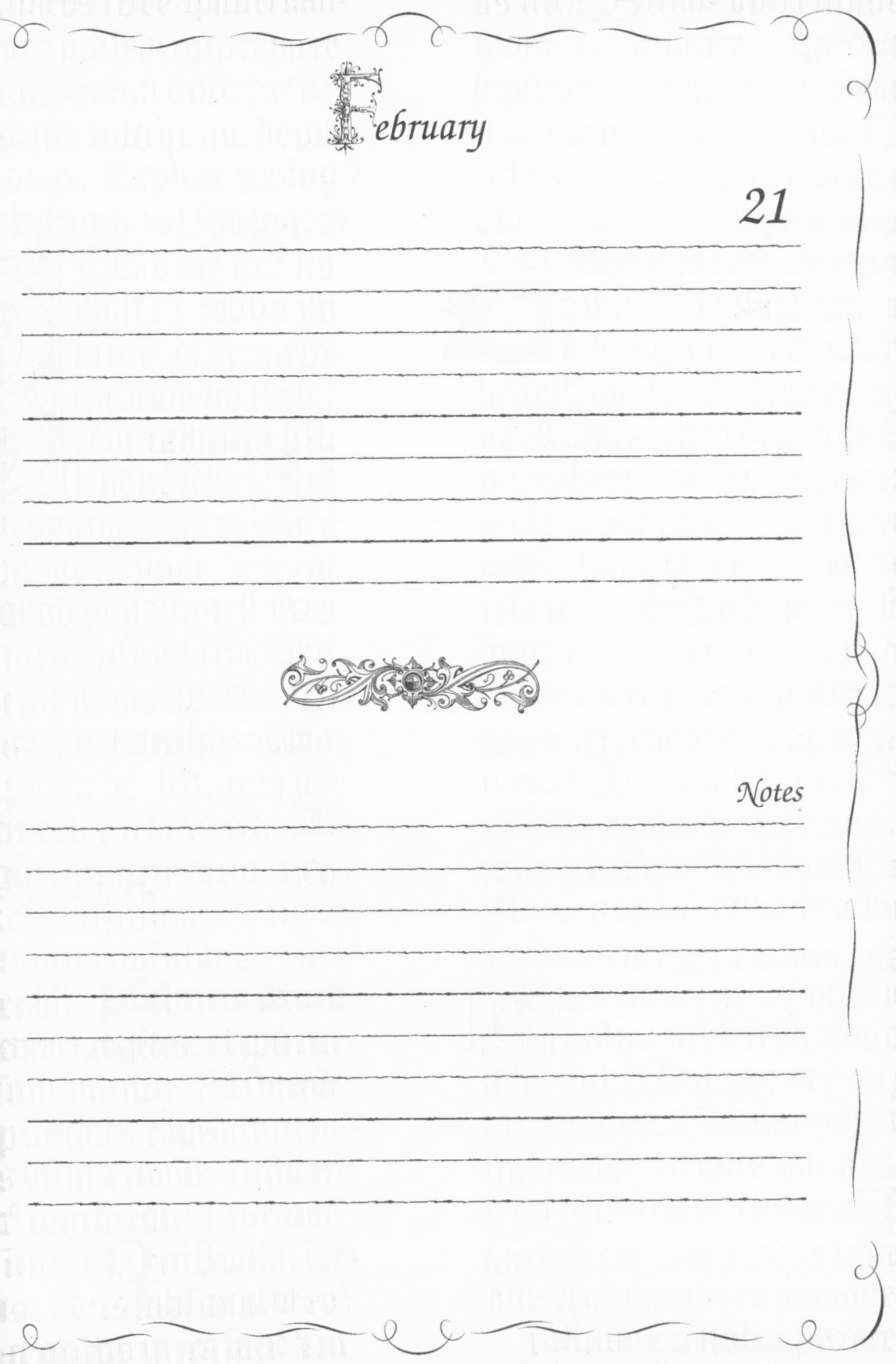

February

21

Notes

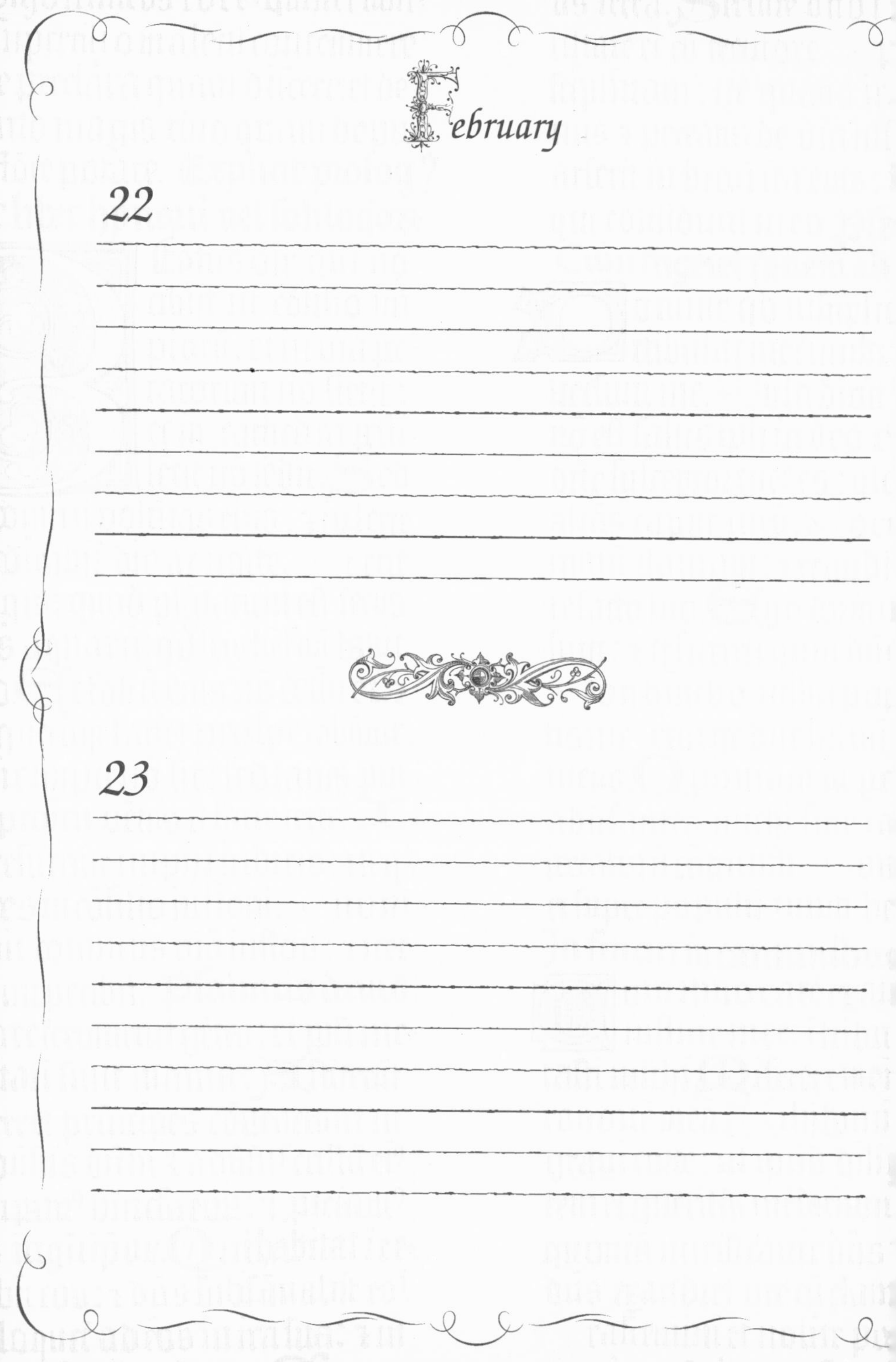

February

22

23

February

24

25

February

26

27

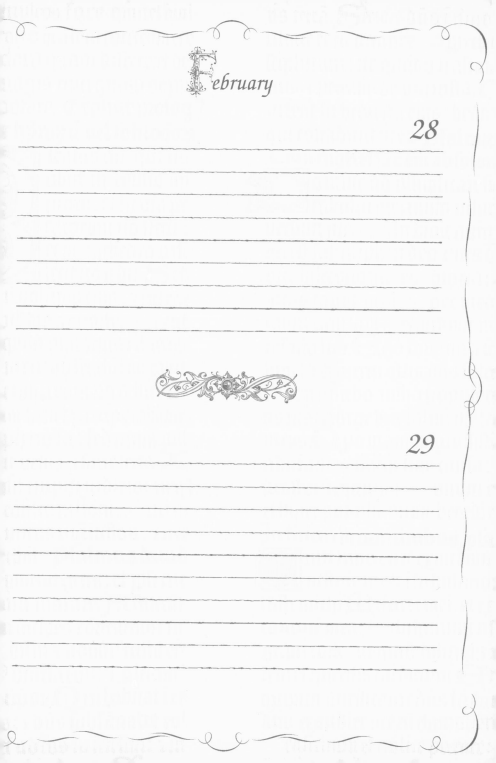

February

28

29

March

1

2

March

3

4

March
5
6

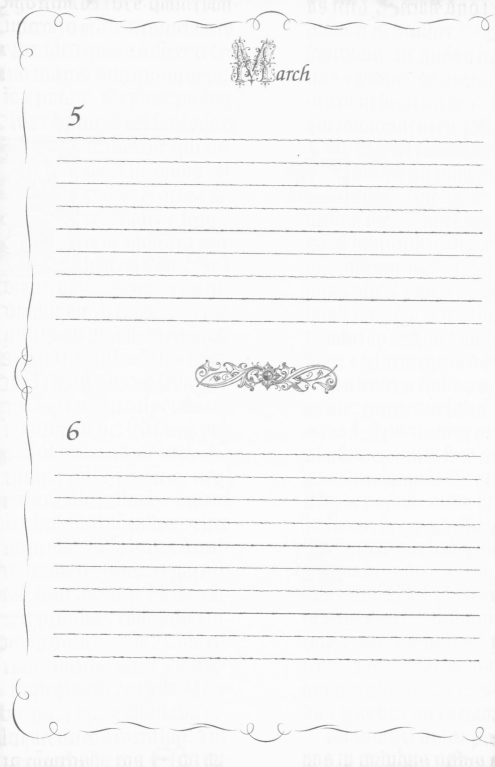

March

7

Notes

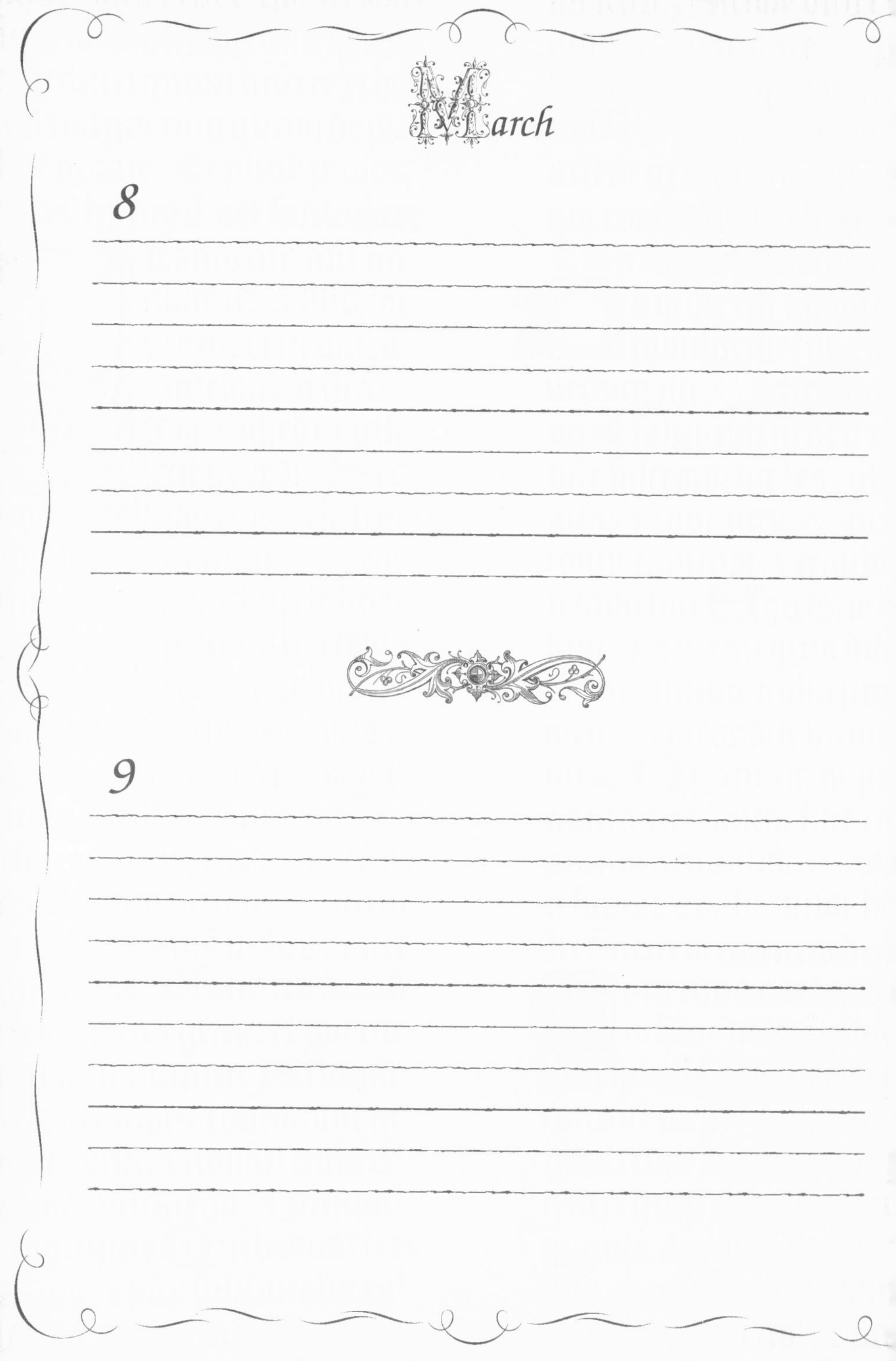

March

8

9

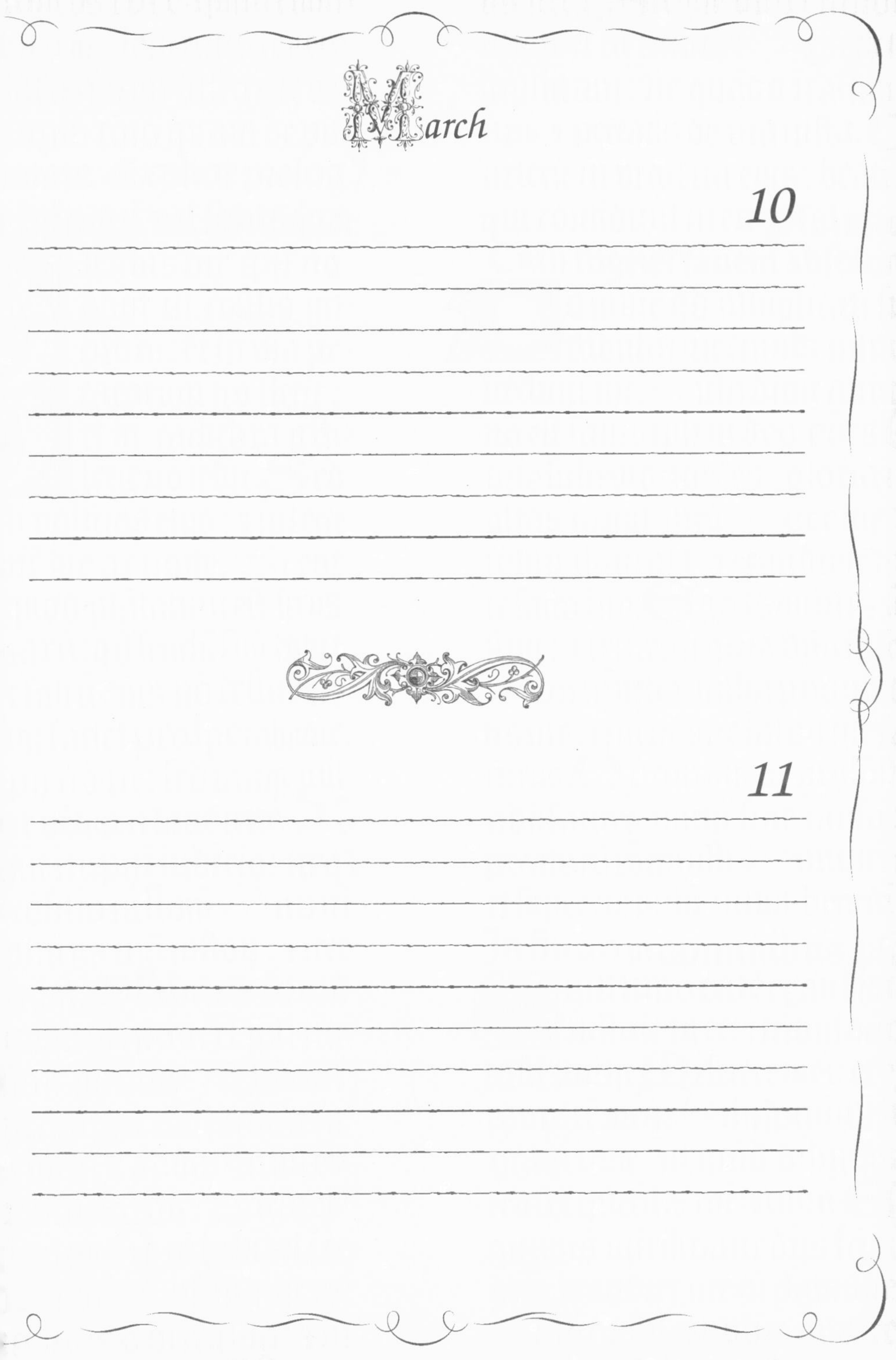

March

10

11

March

12

13

March
14
Notes

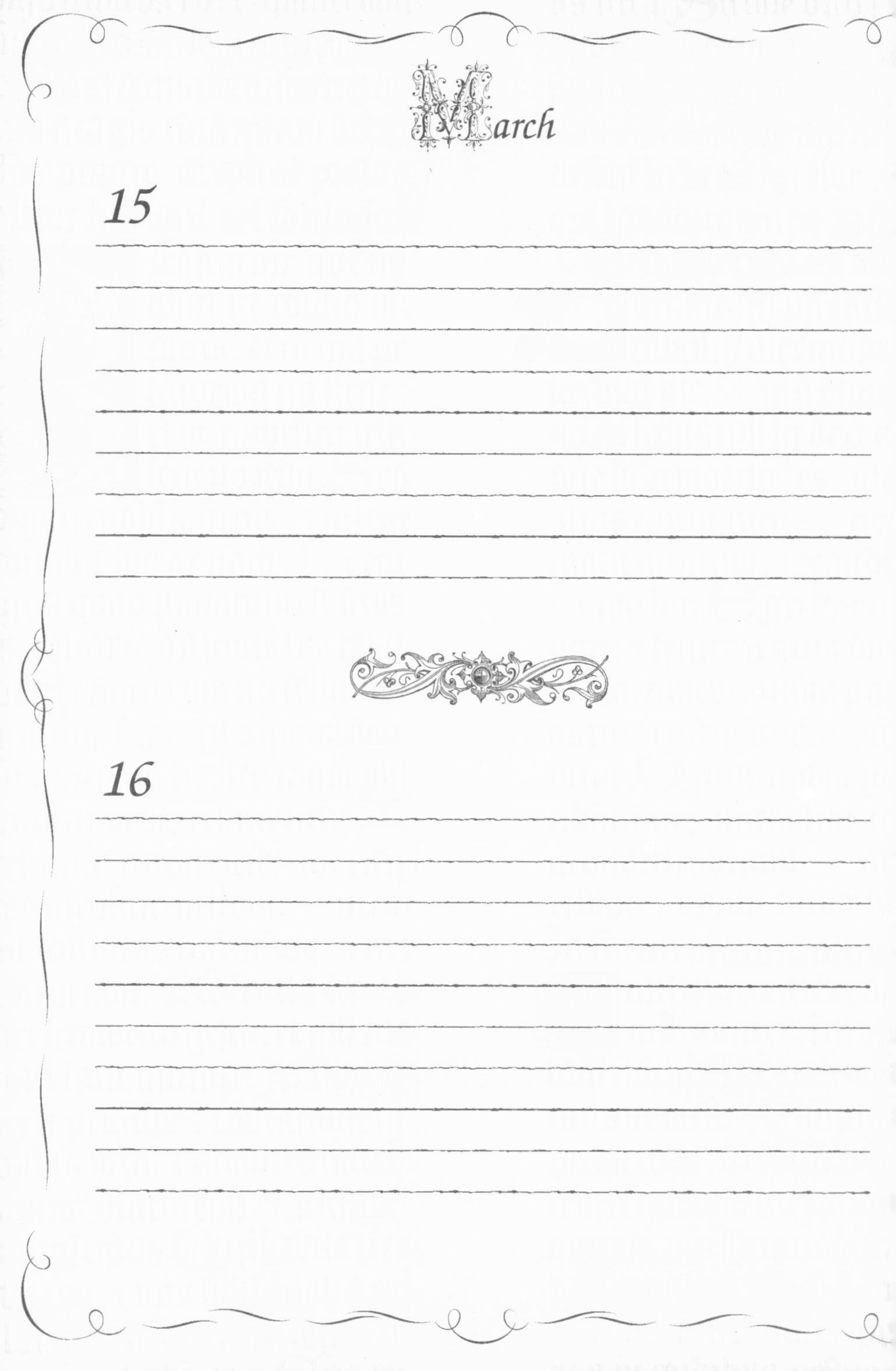

March

15

16

March

17

18

March

19

20

March

21

Notes

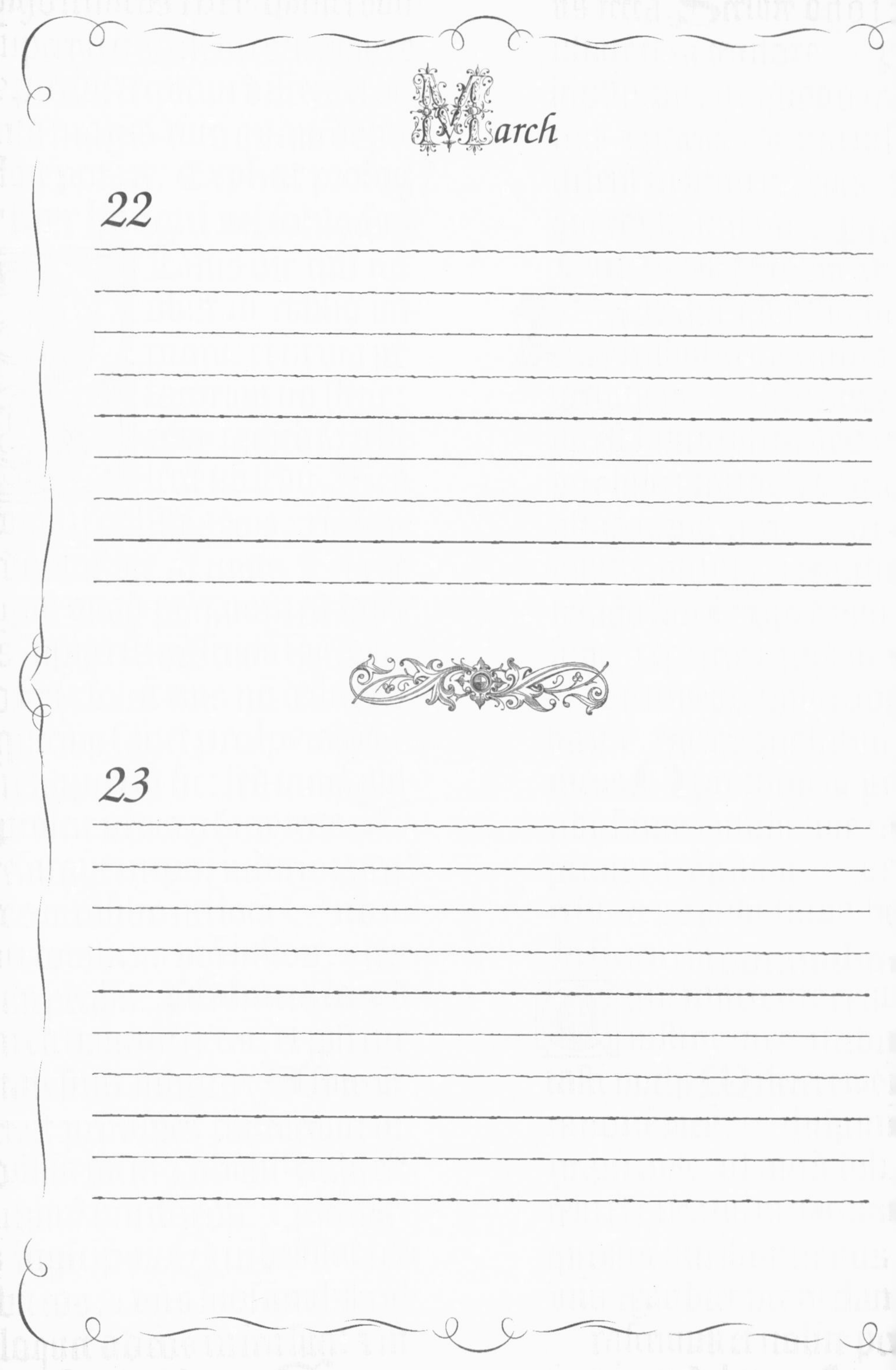
March
22
23

March

24

25

March

26

27

March

28

Notes

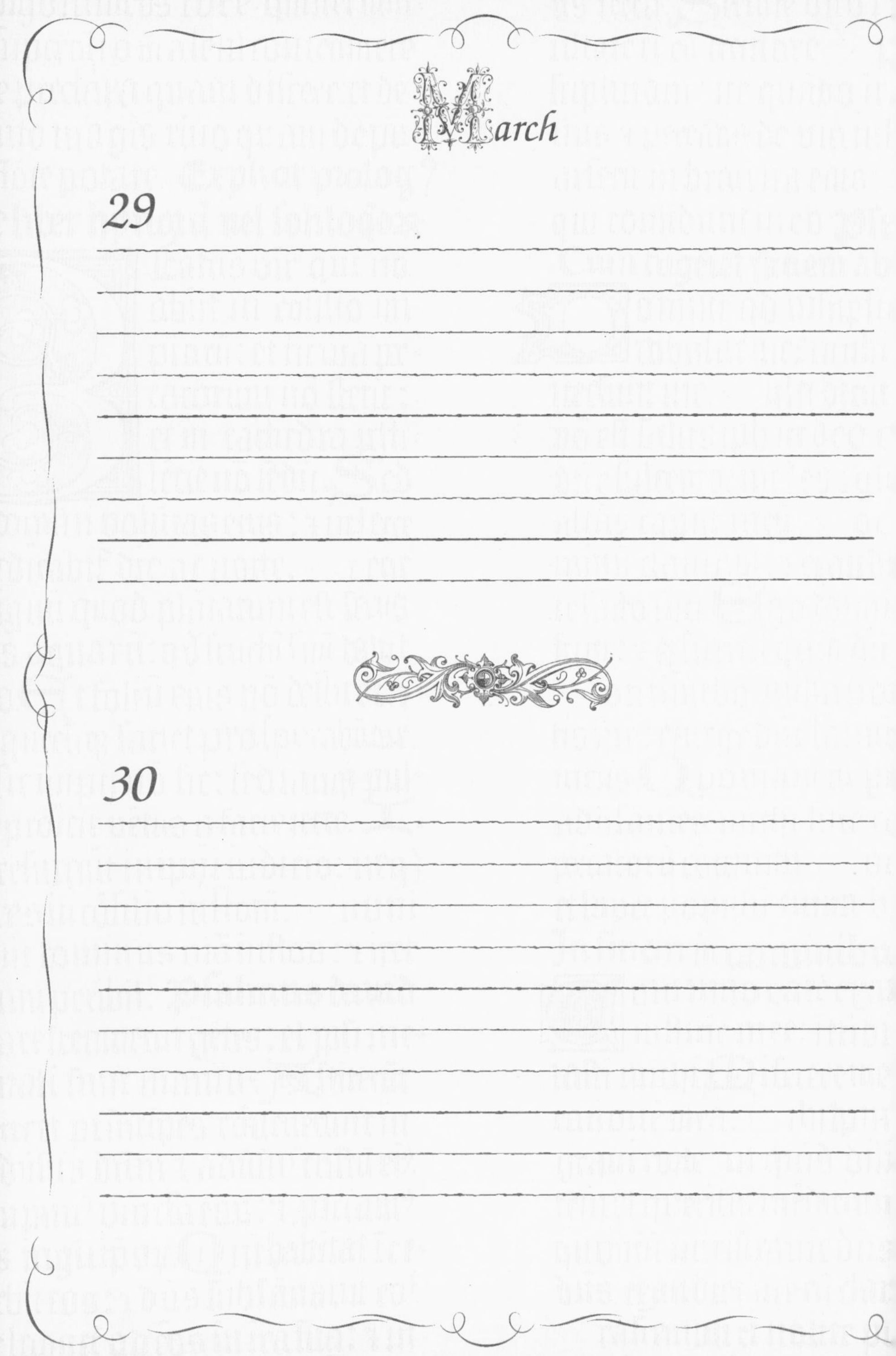

March

29

30

March

31

Notes

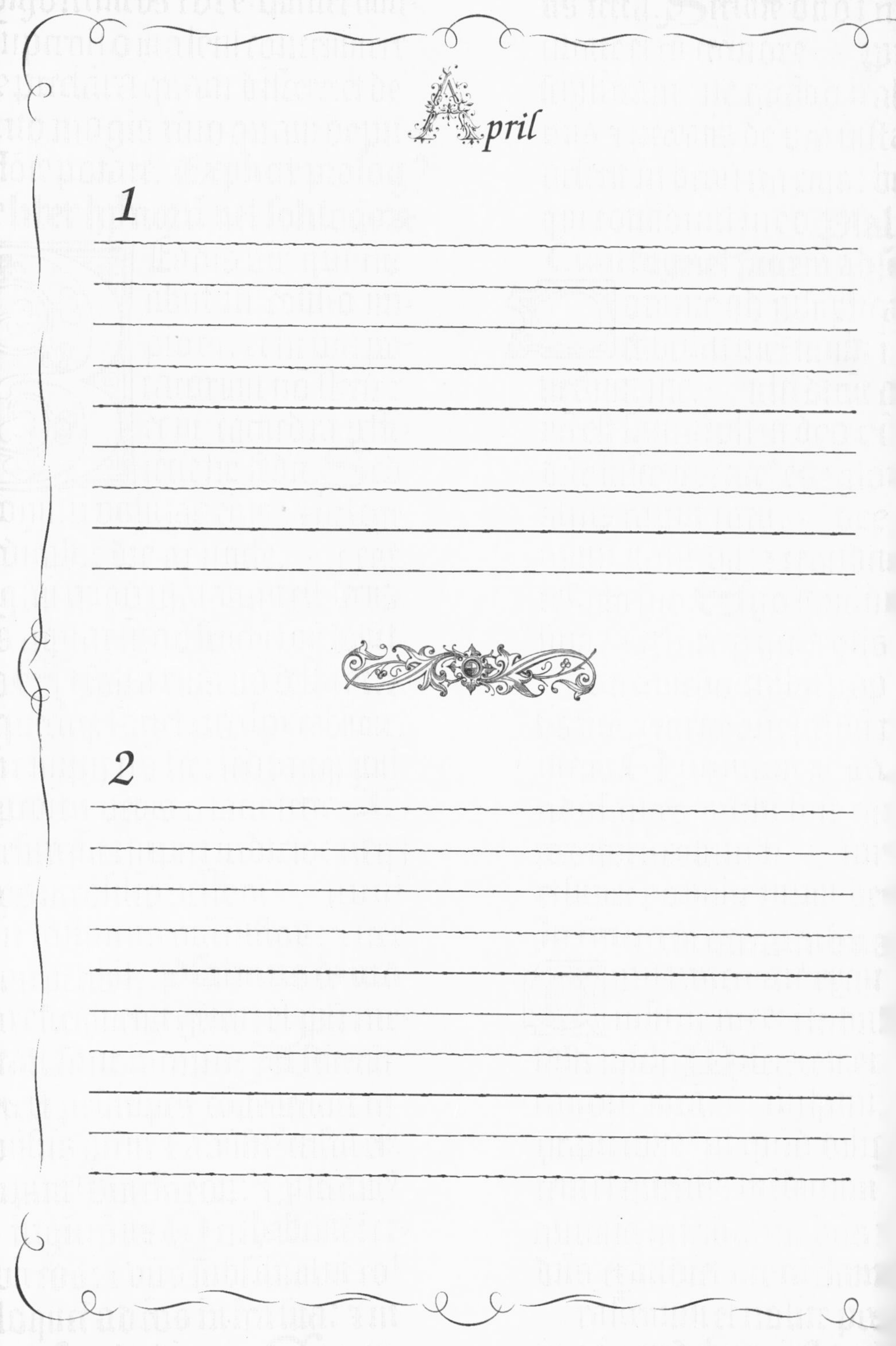

April

1

2

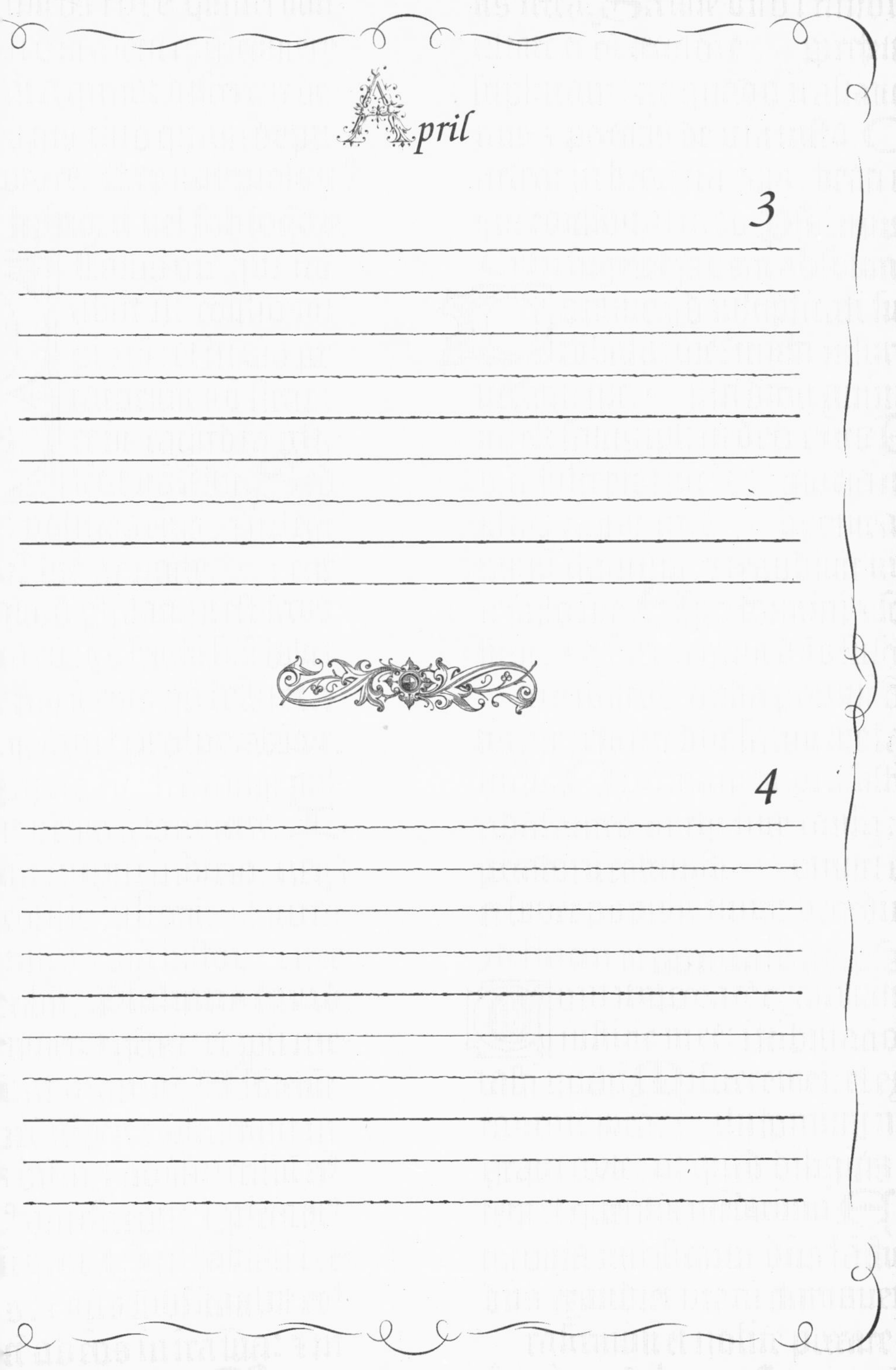
April
3
4

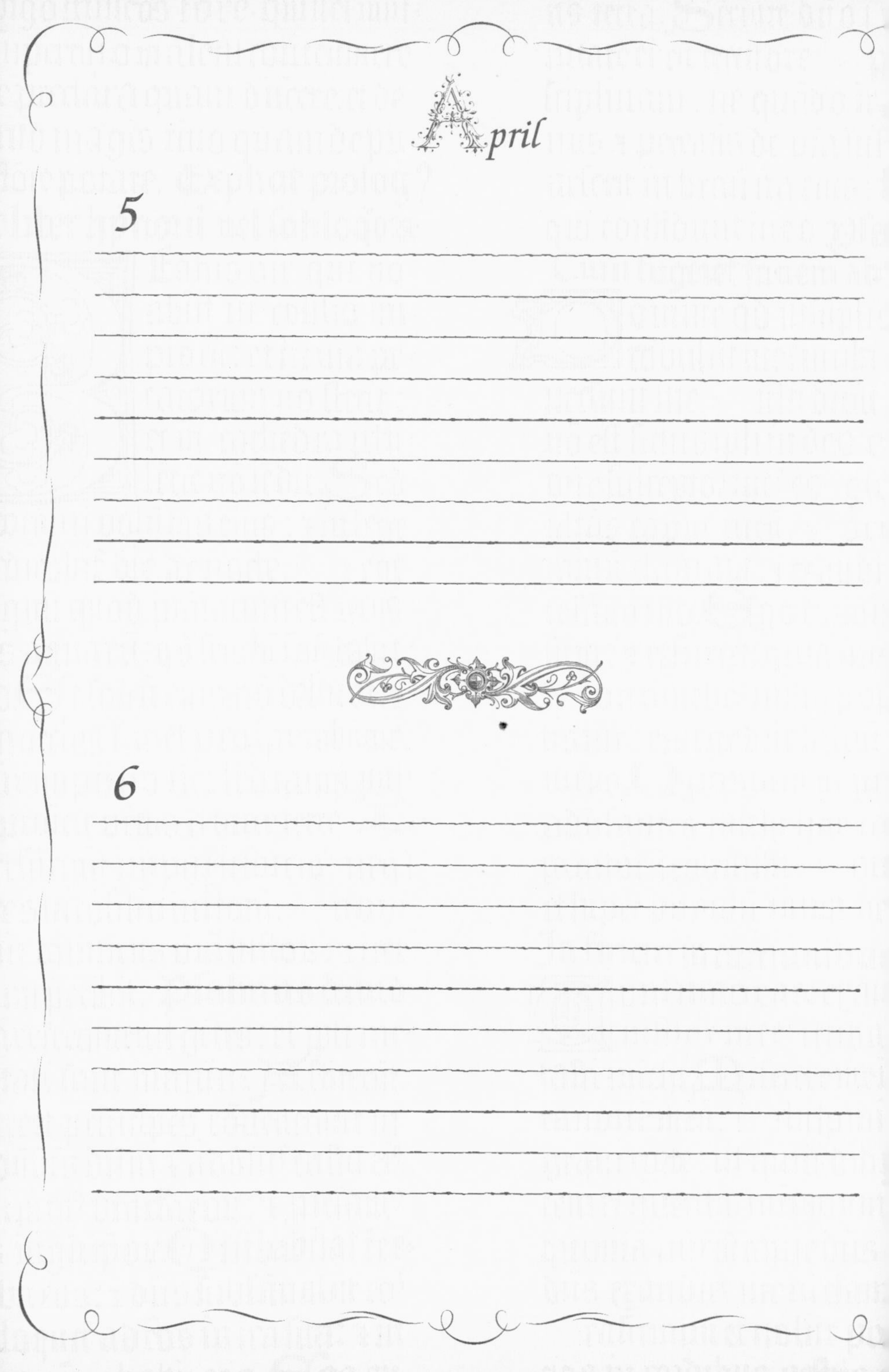

April

5

6

April

7

Notes

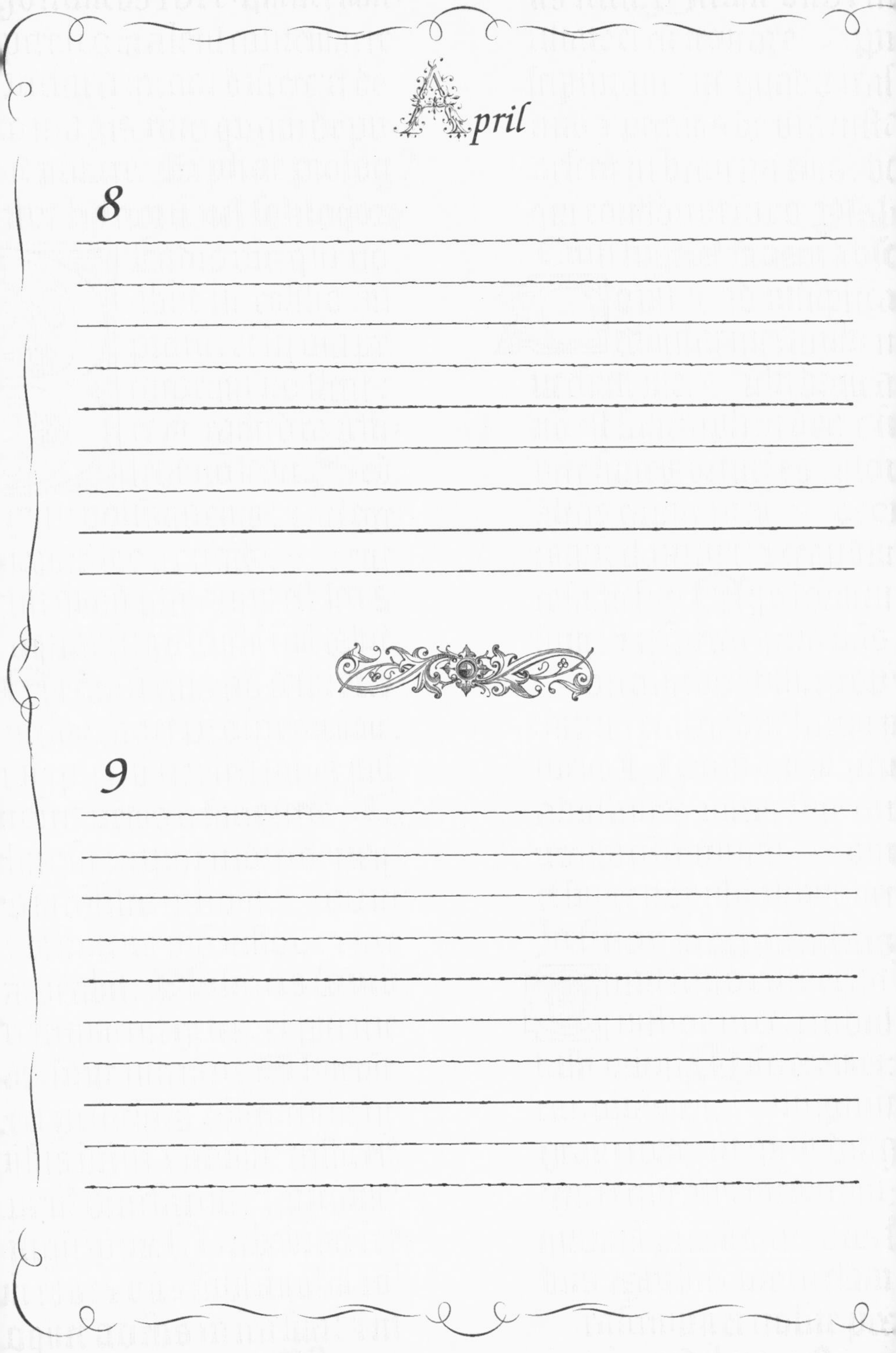

April

8

9

April

10

11

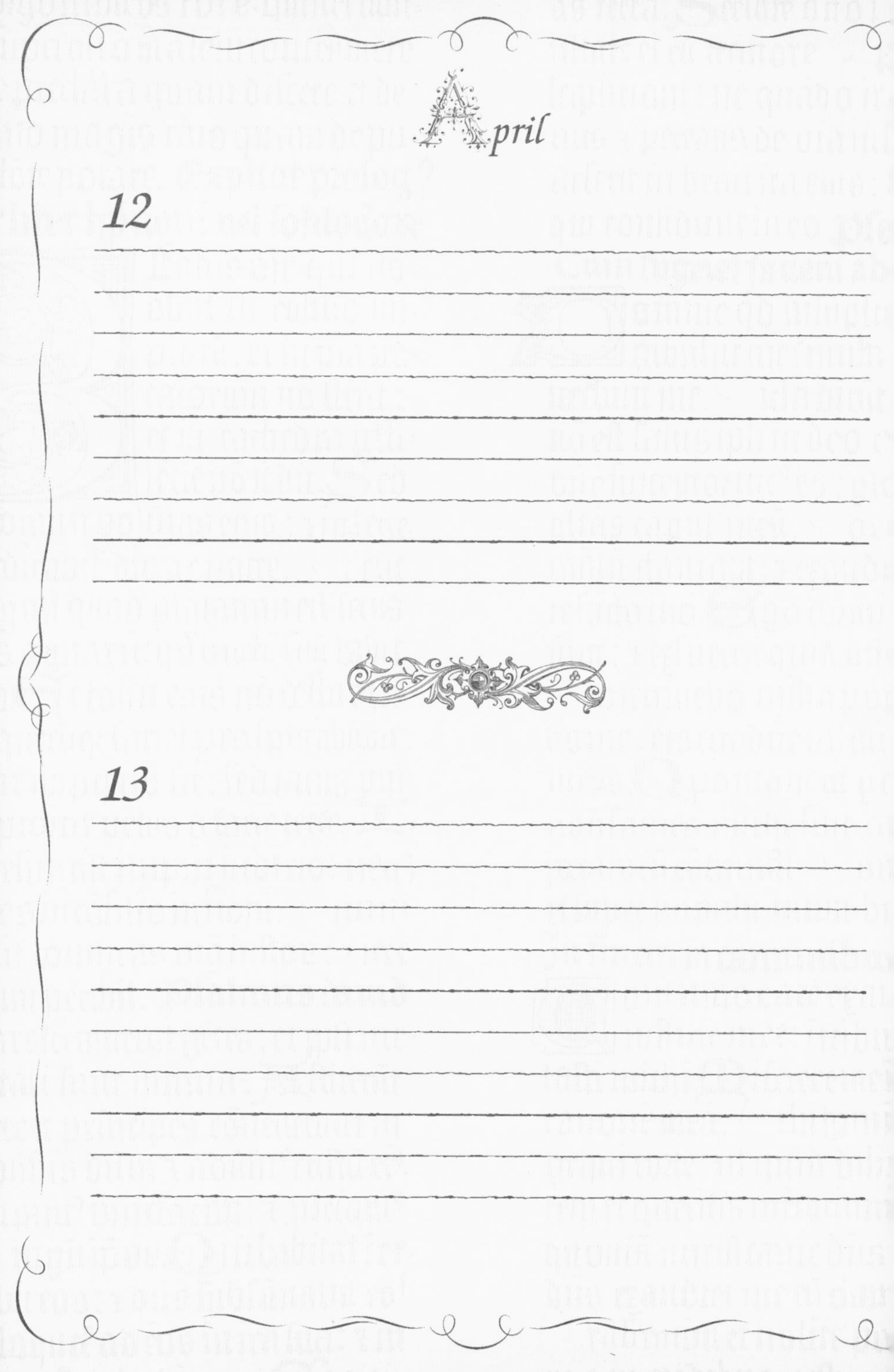

April

12

13

April

14

Notes

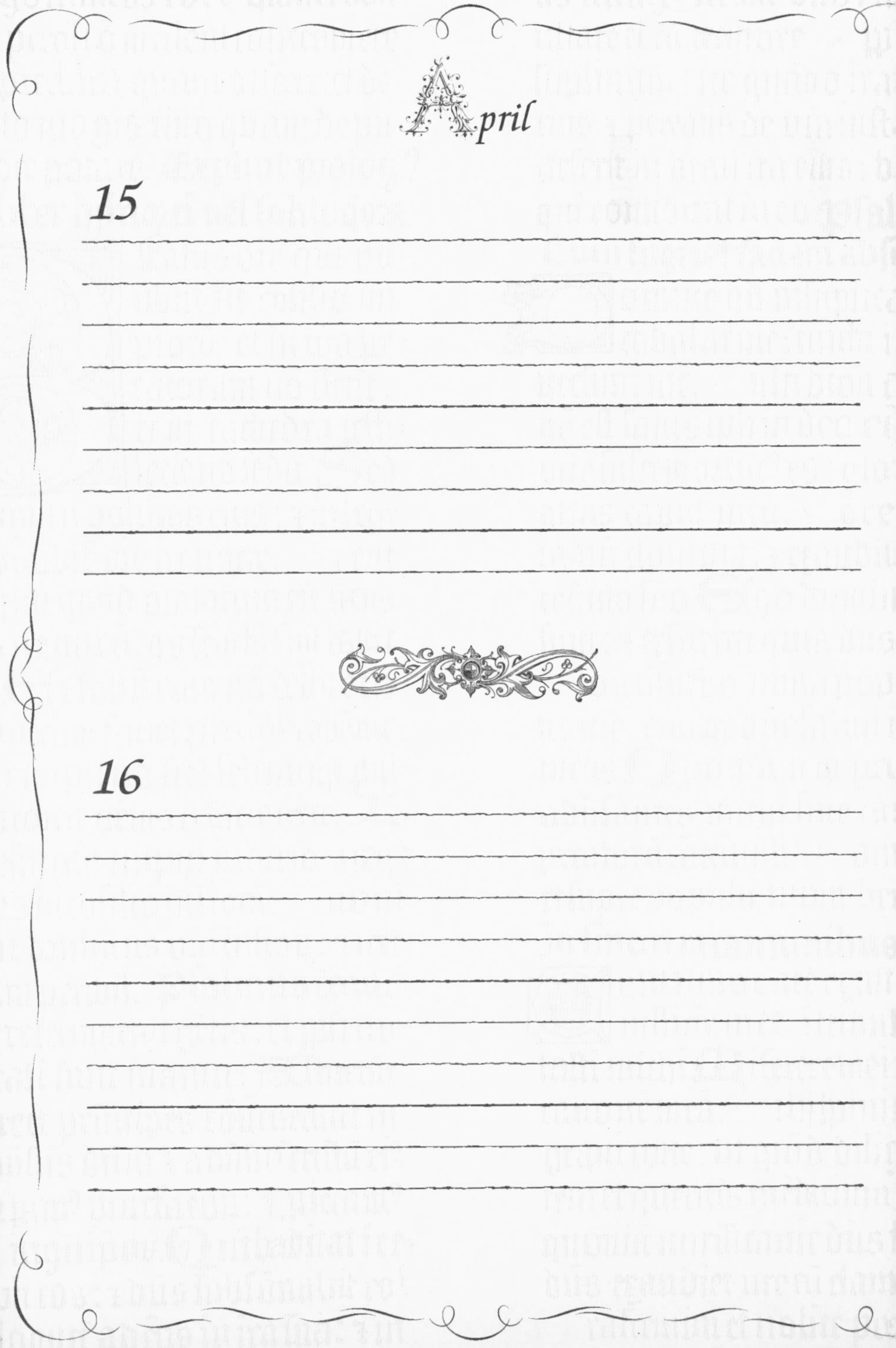

April

15

16

April

17

18

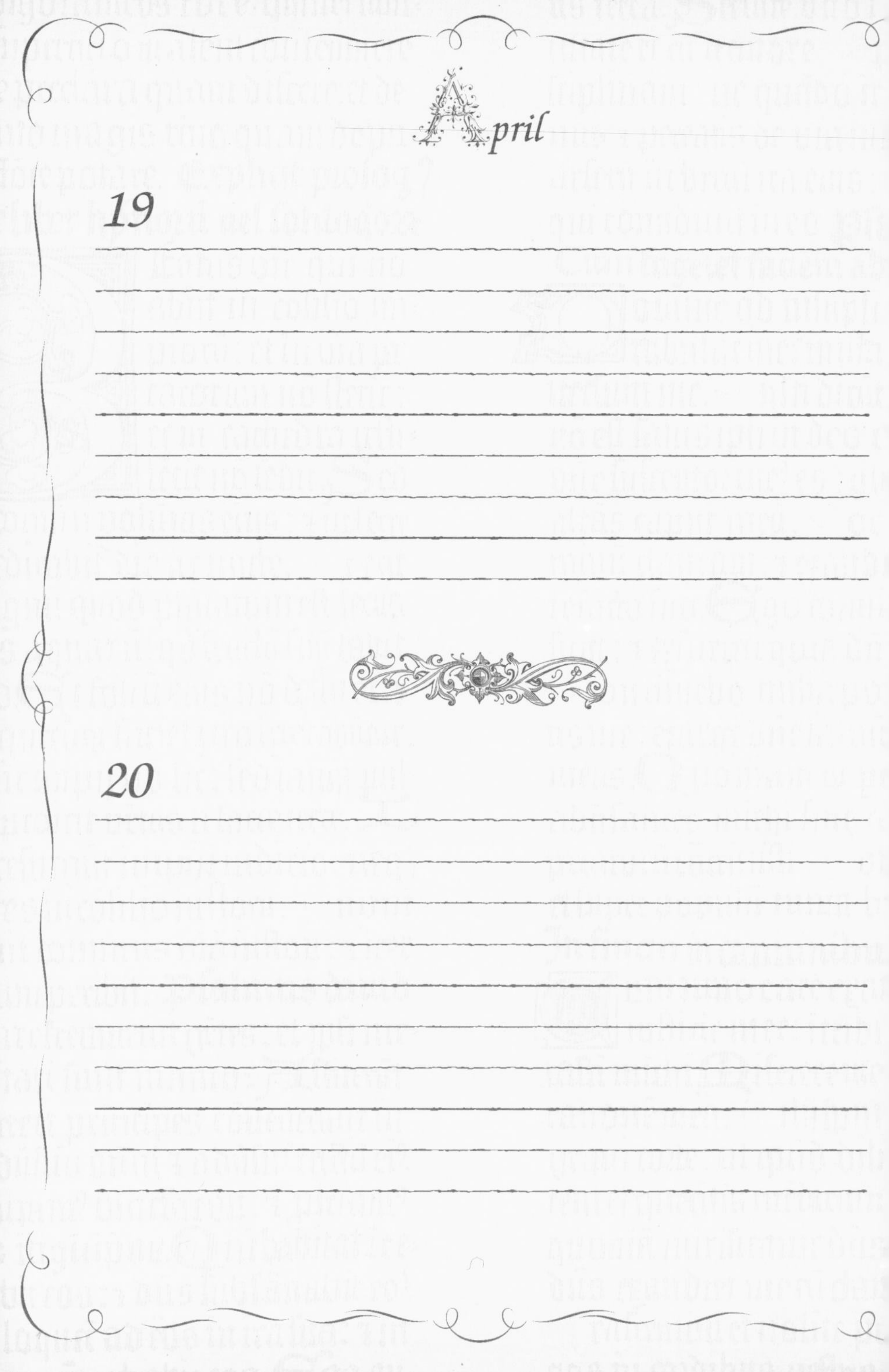

April

19

20

April

21

Notes

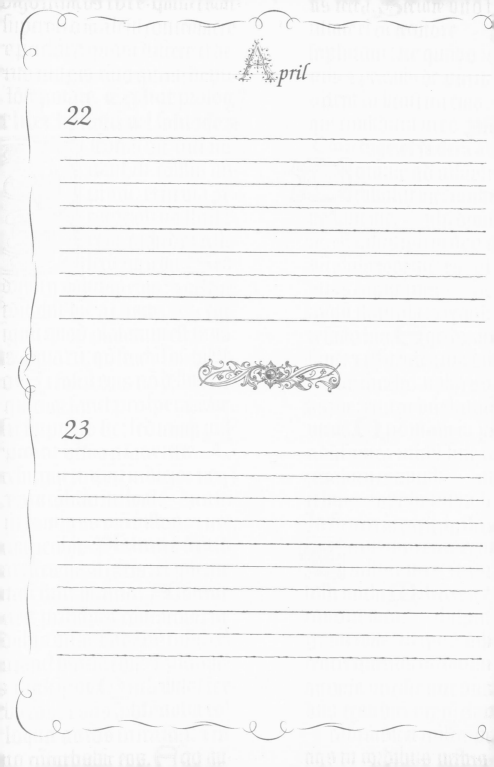

April

22

23

April

24

25

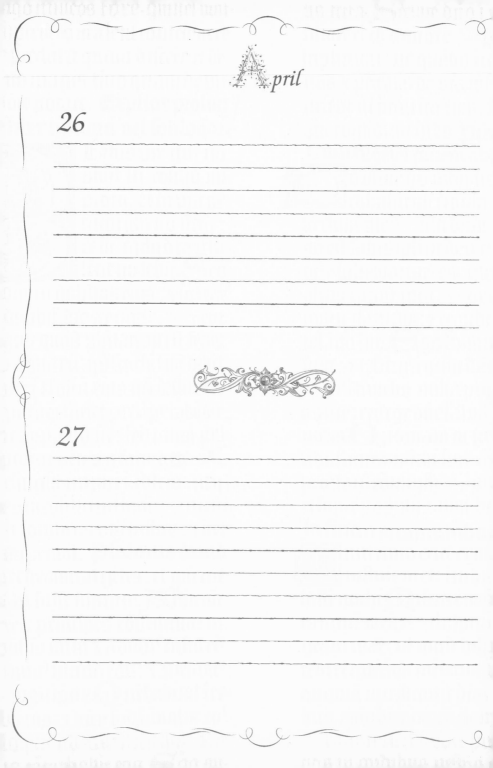

April

26

27

April

28

Notes

April

29

30

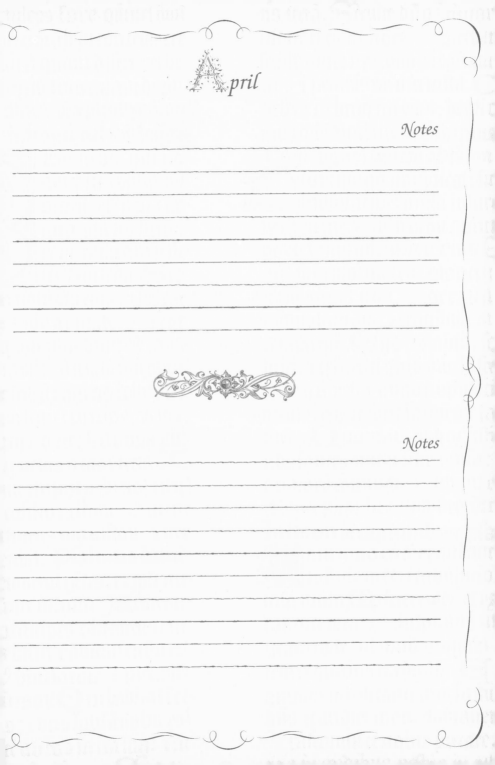

April

Notes

Notes

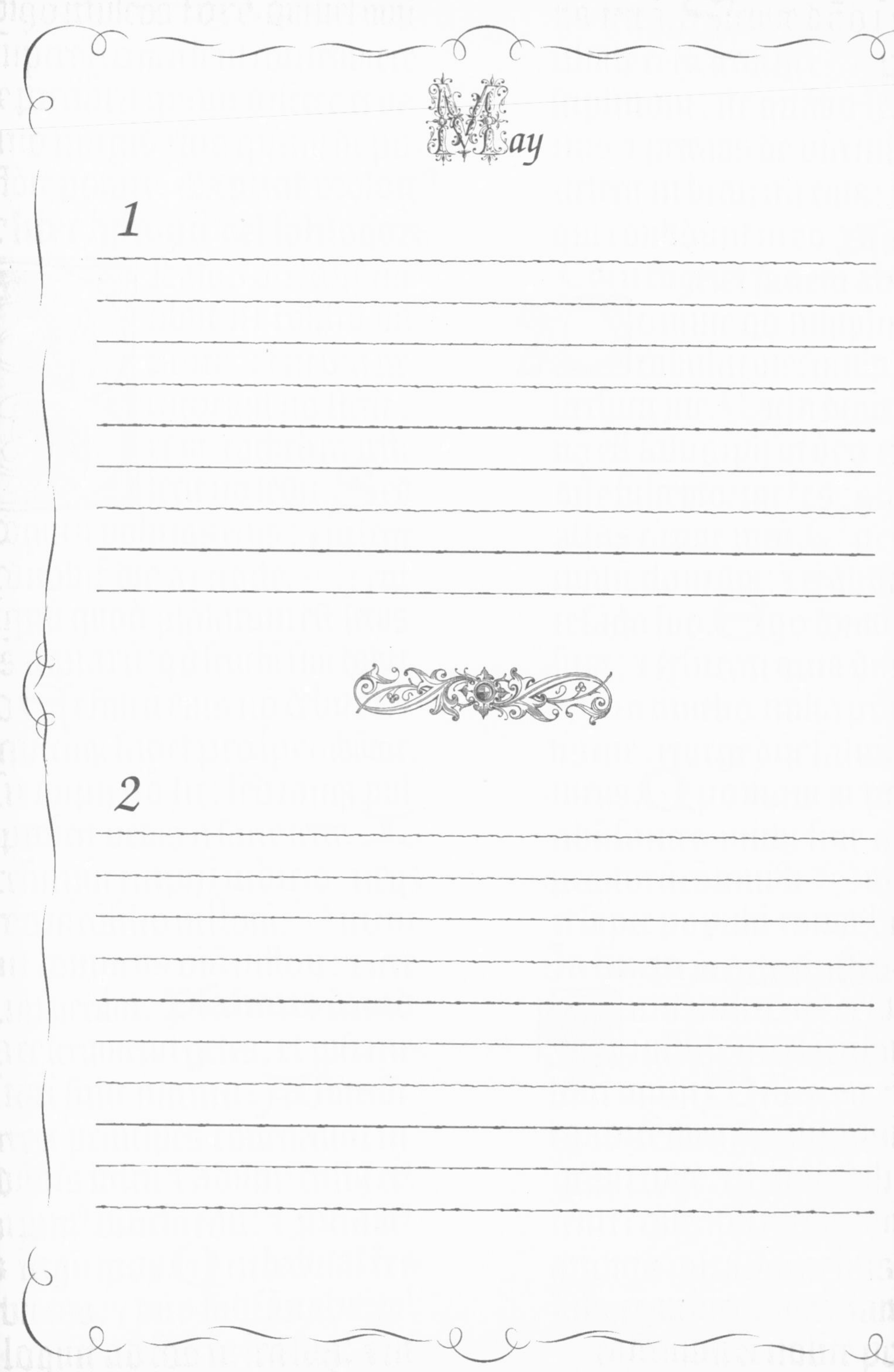

May

1

2

May

3

4

May

5

6

May

7

Notes

May

8

9

May

10

11

May

12

13

May

14

Notes

May

15

16

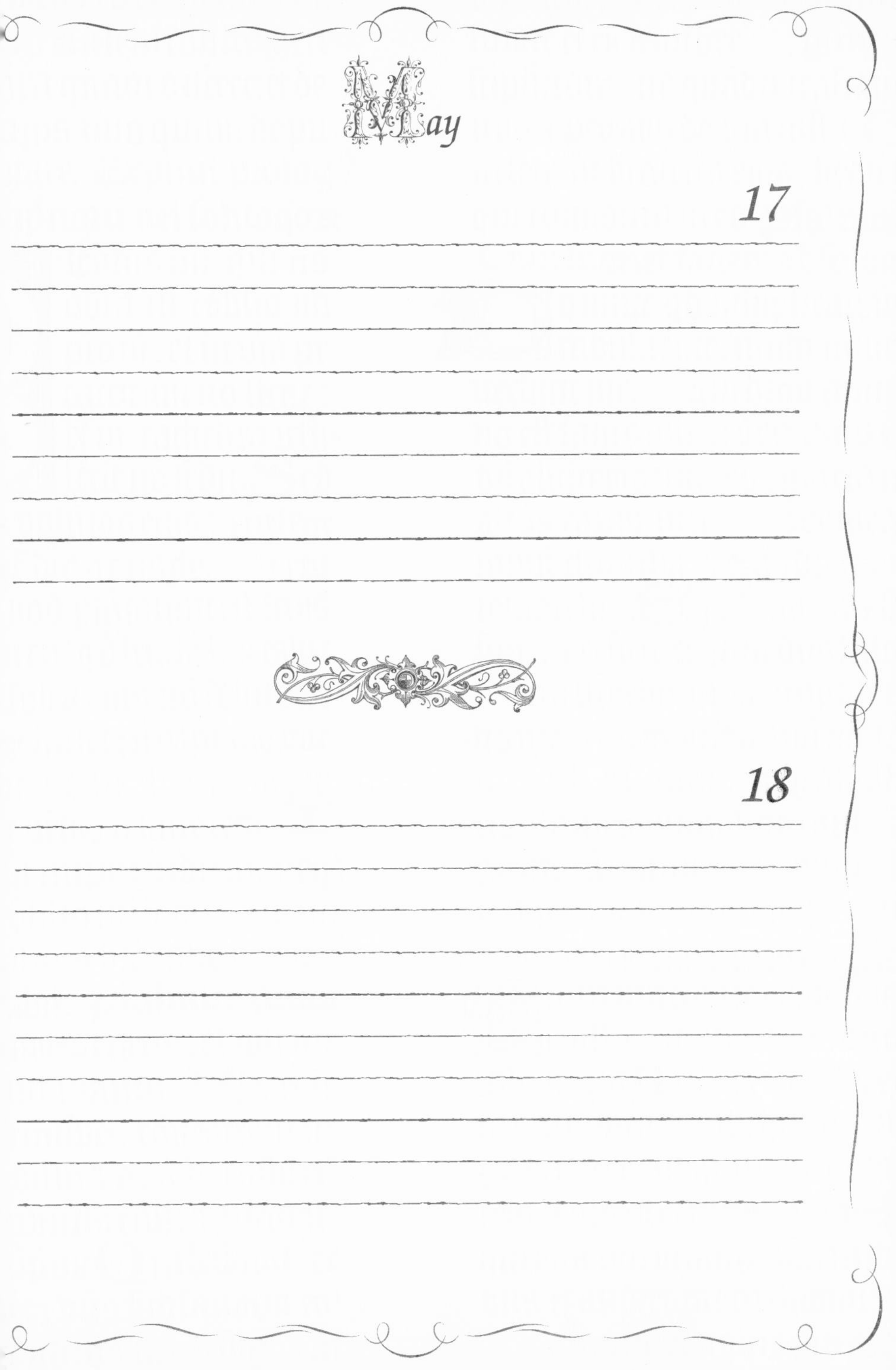

May

17

18

May

19

20

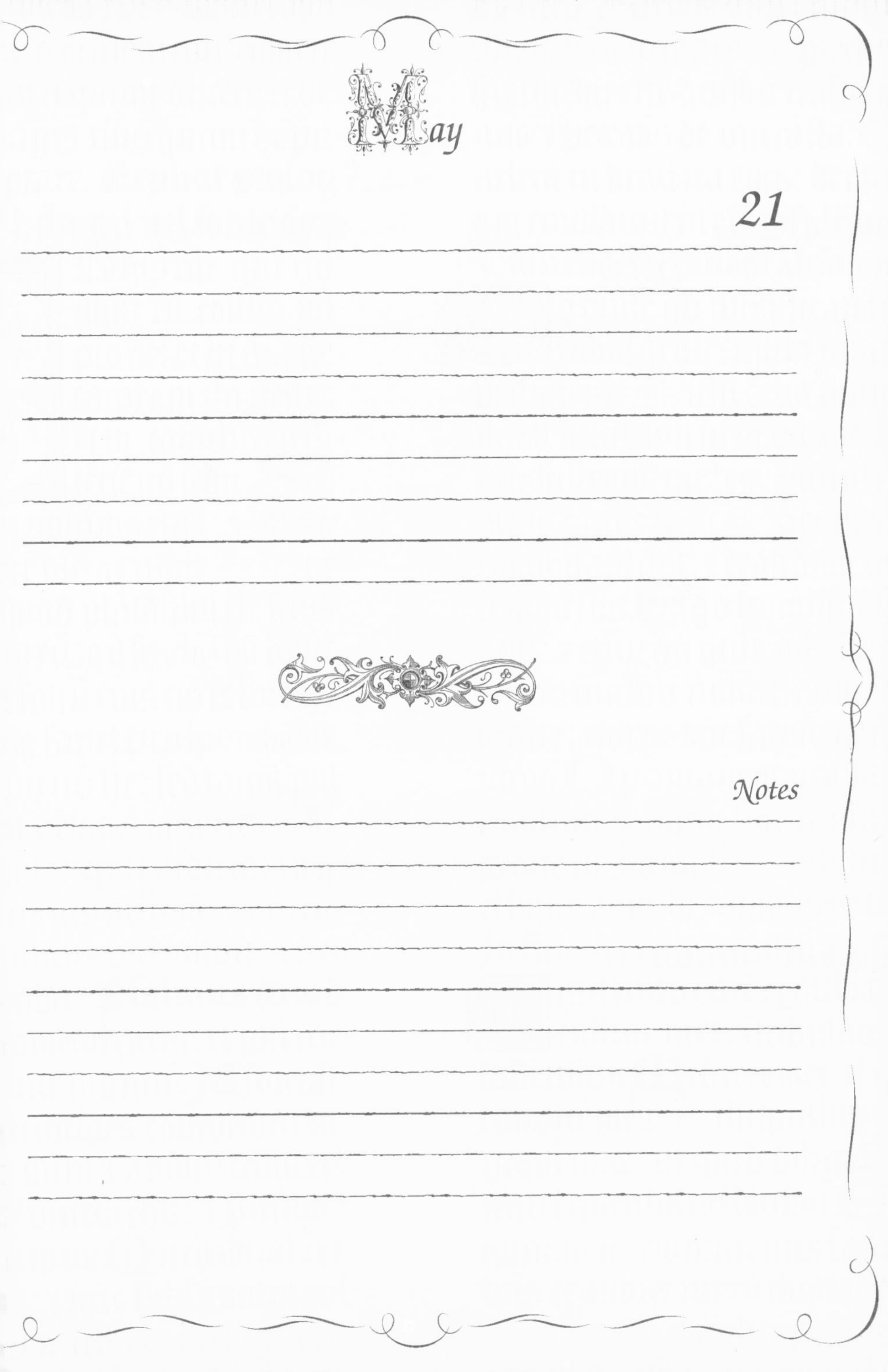

May

21

Notes

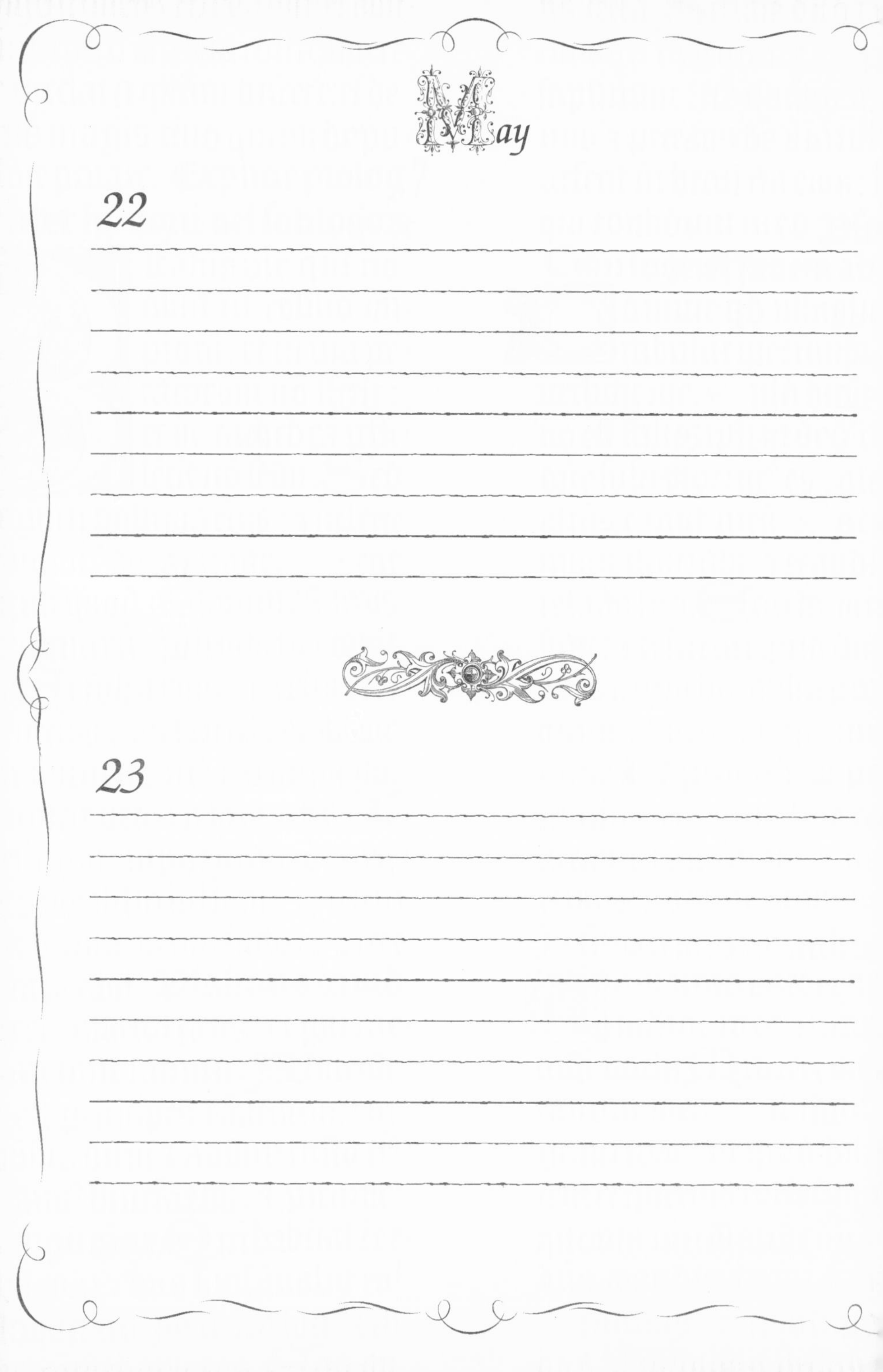
May
22
23

May

24

25

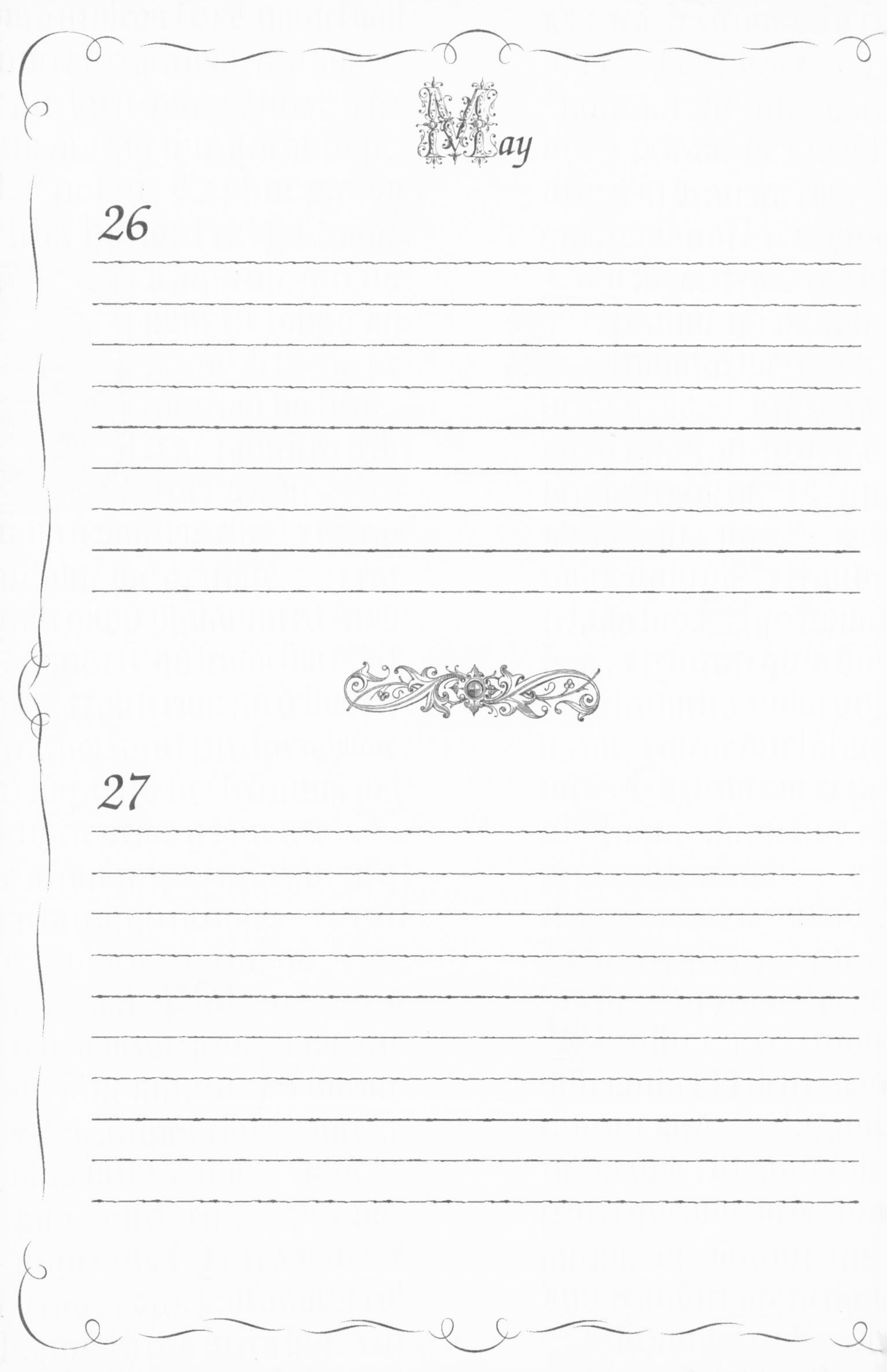

May

26

27

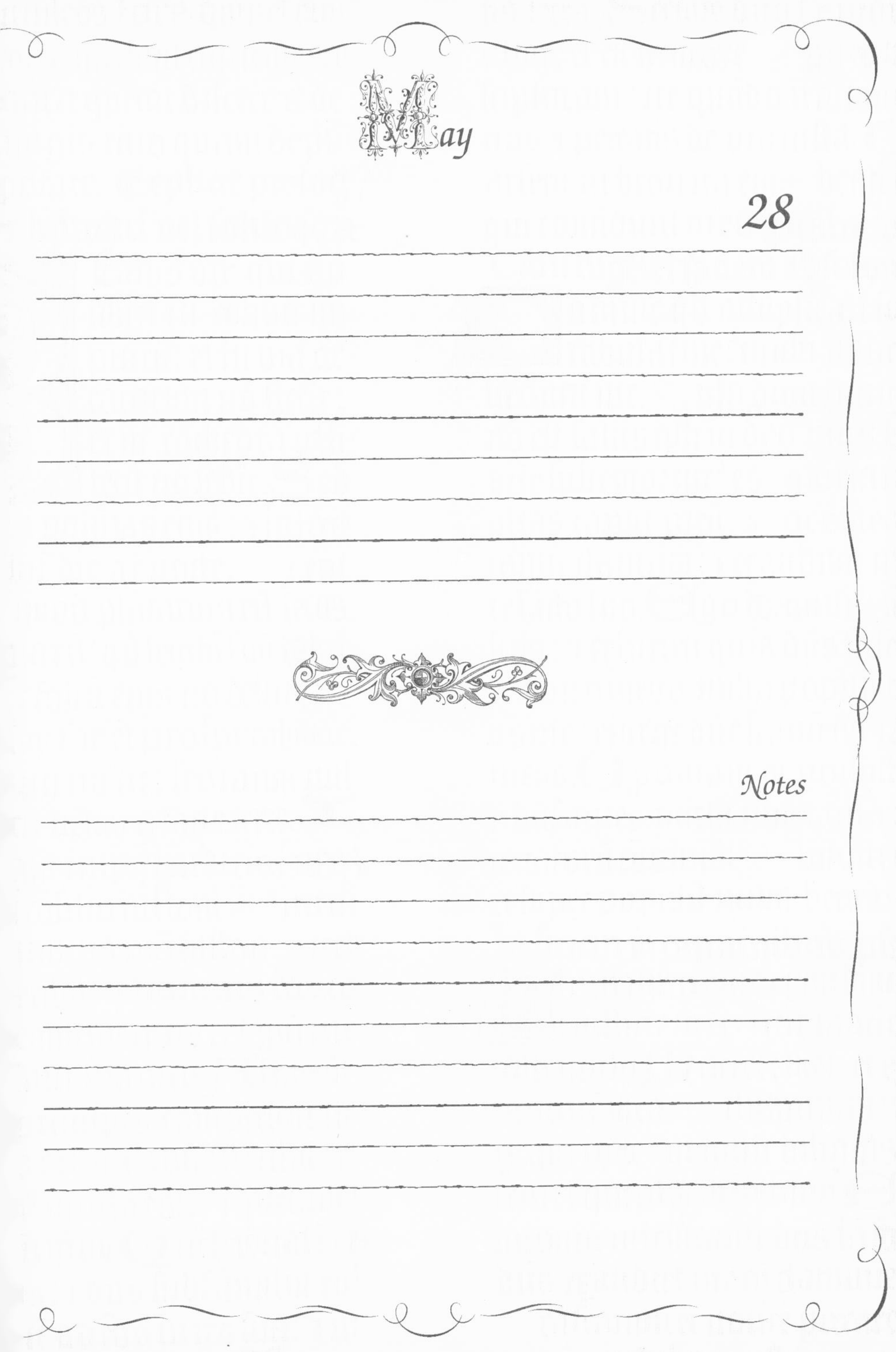

May

28

Notes

May
29
30

May

31

Notes

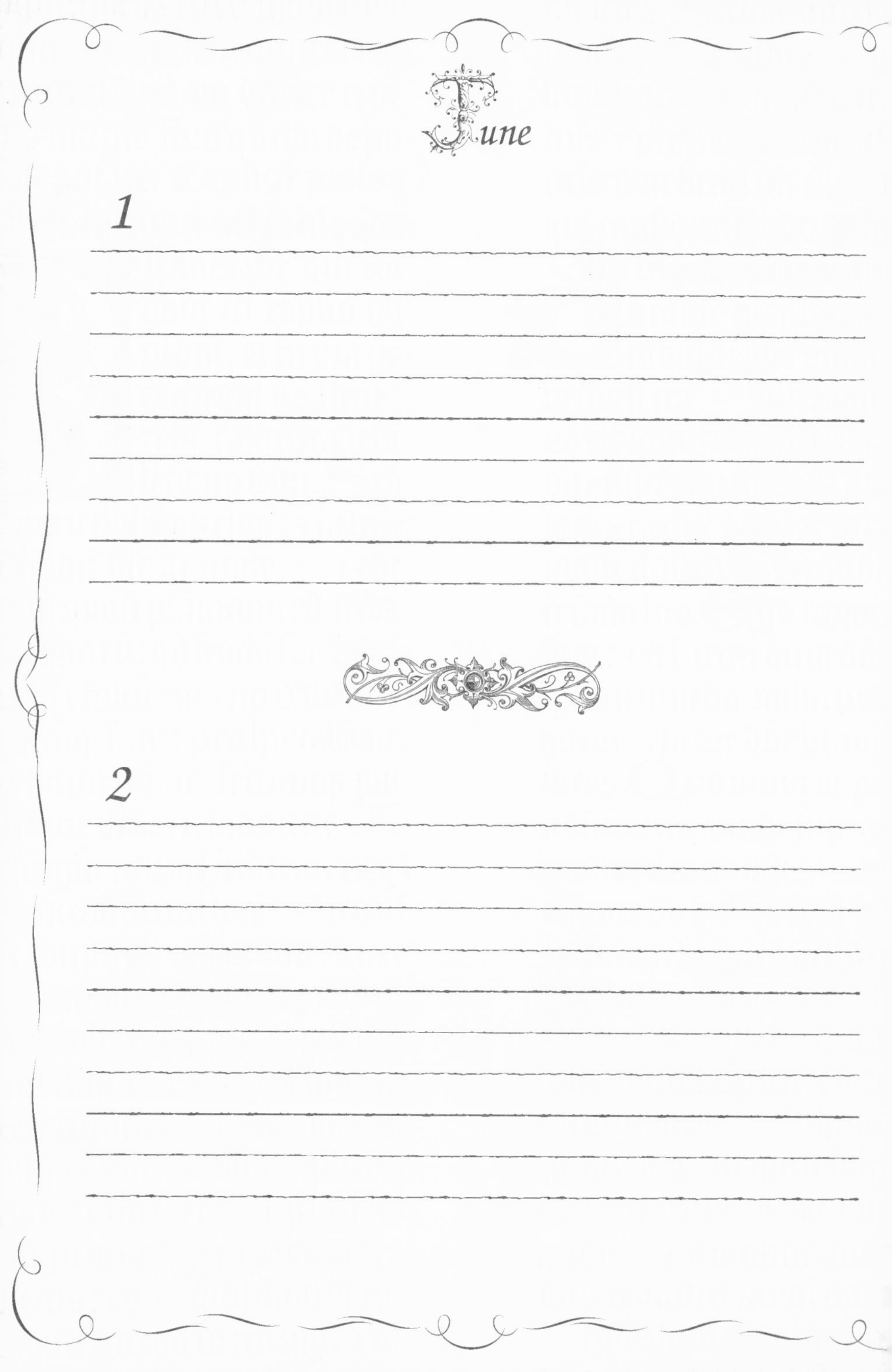

June

1

2

June

3

4

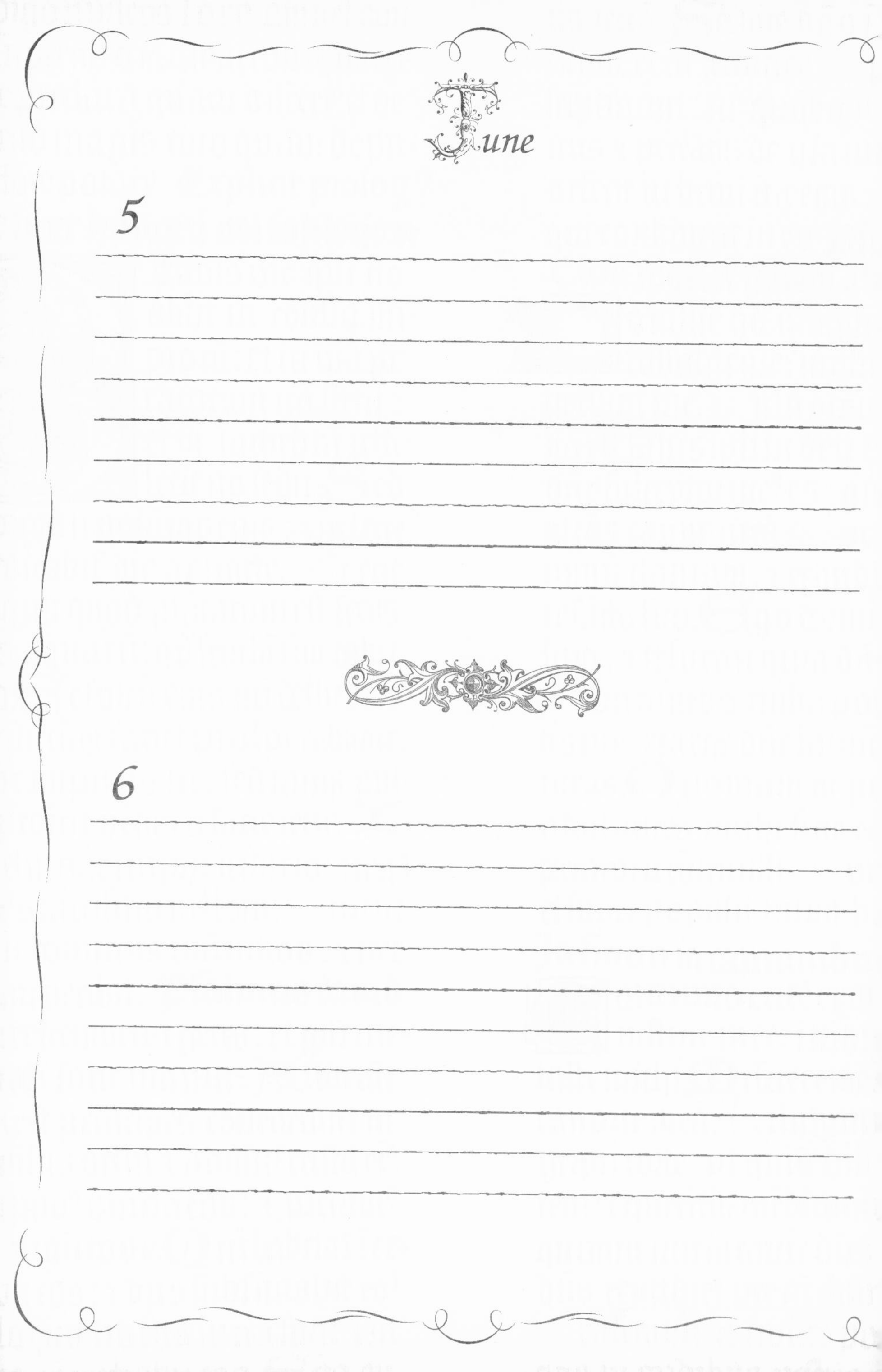

June

5

6

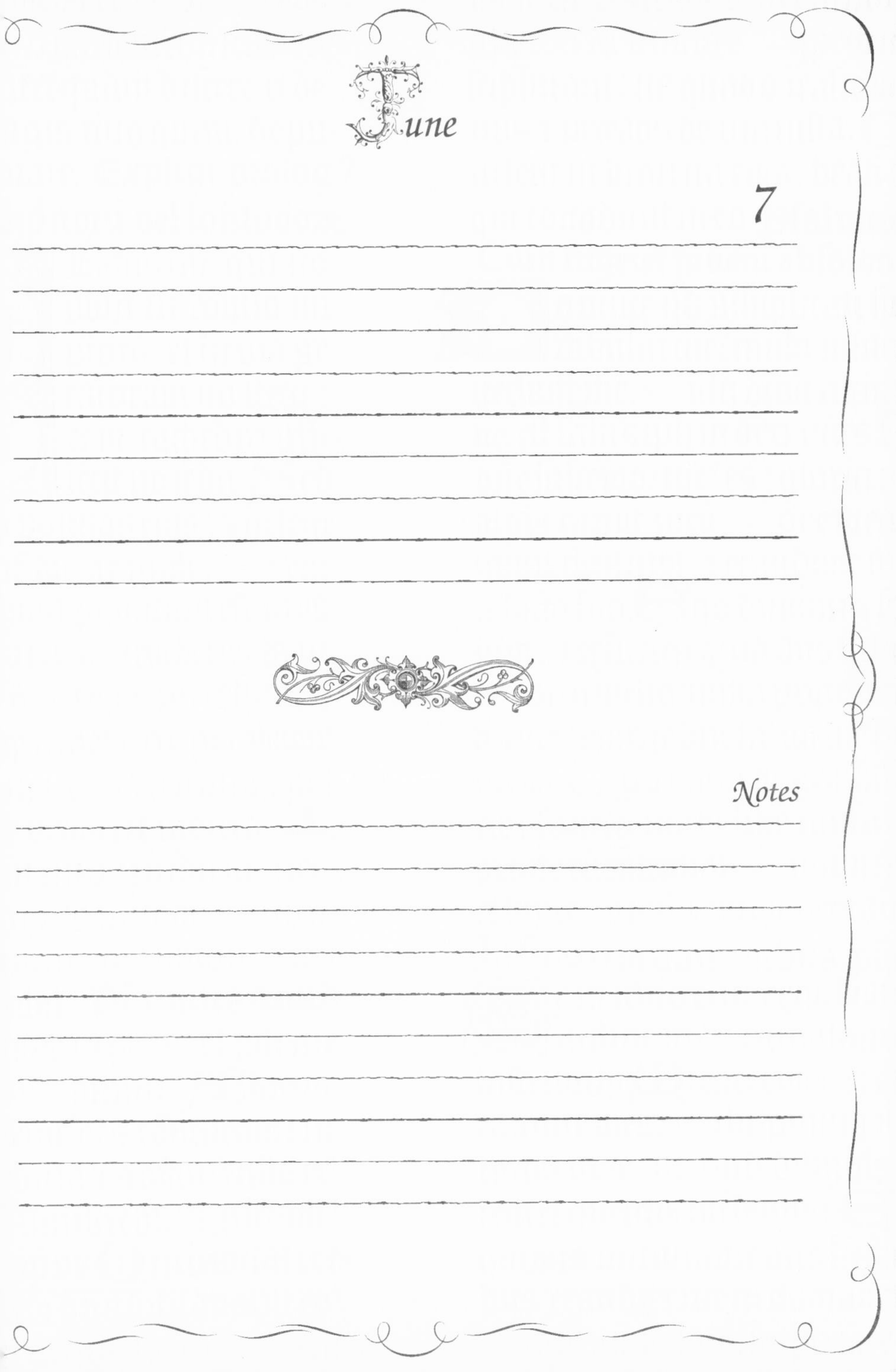

June

7

Notes

June

8

9

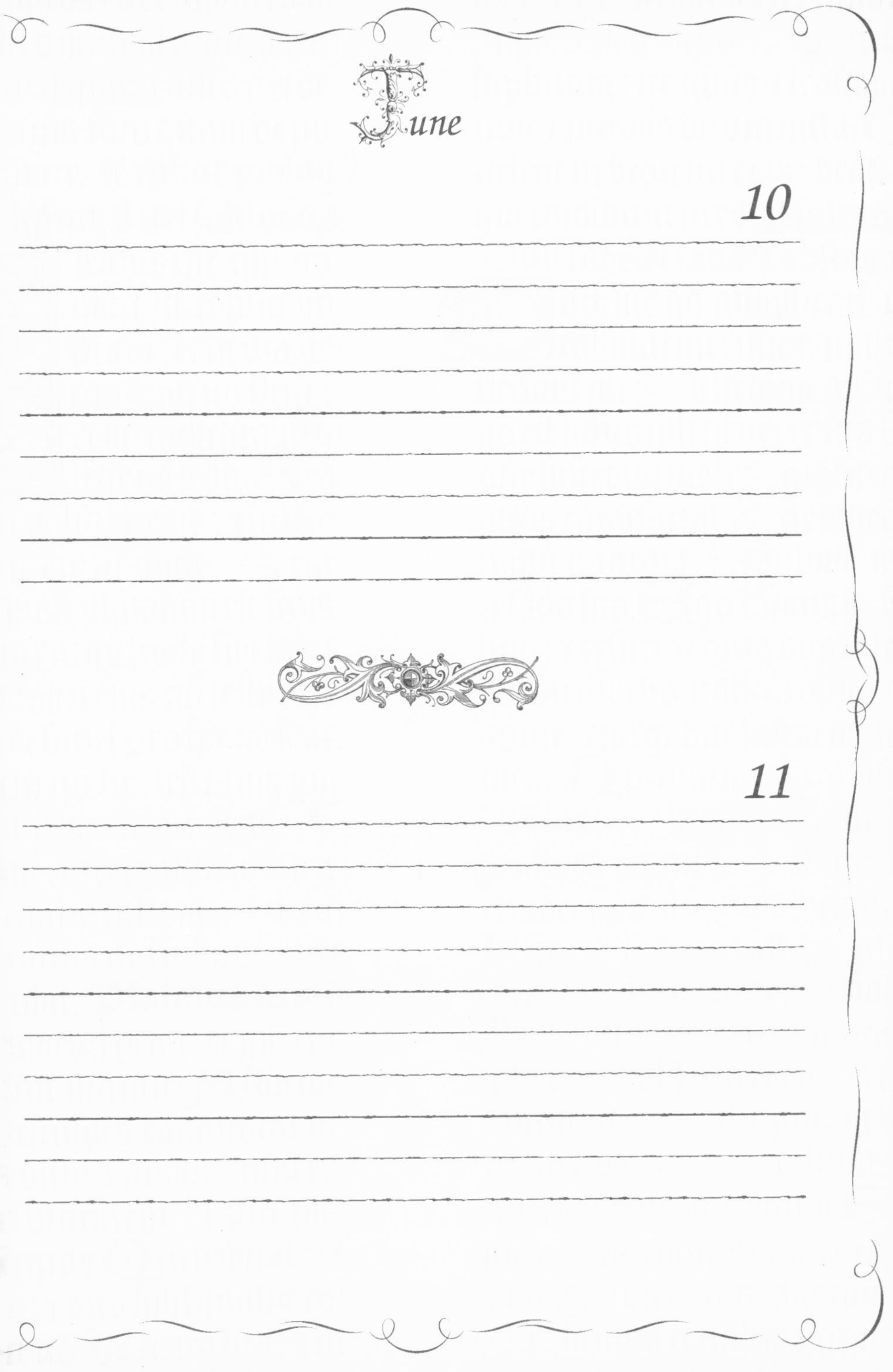

June

10

11

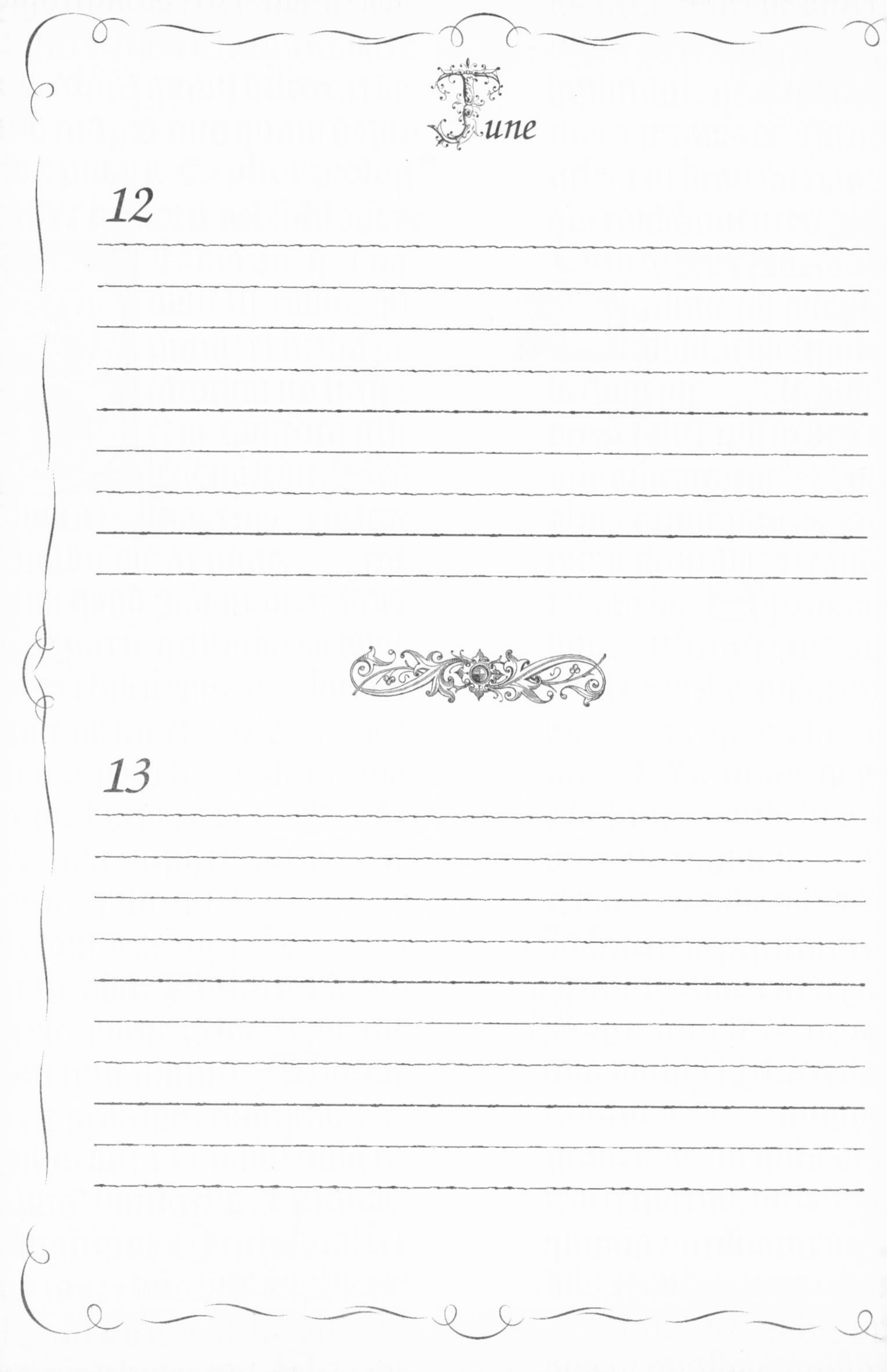

June

12

13

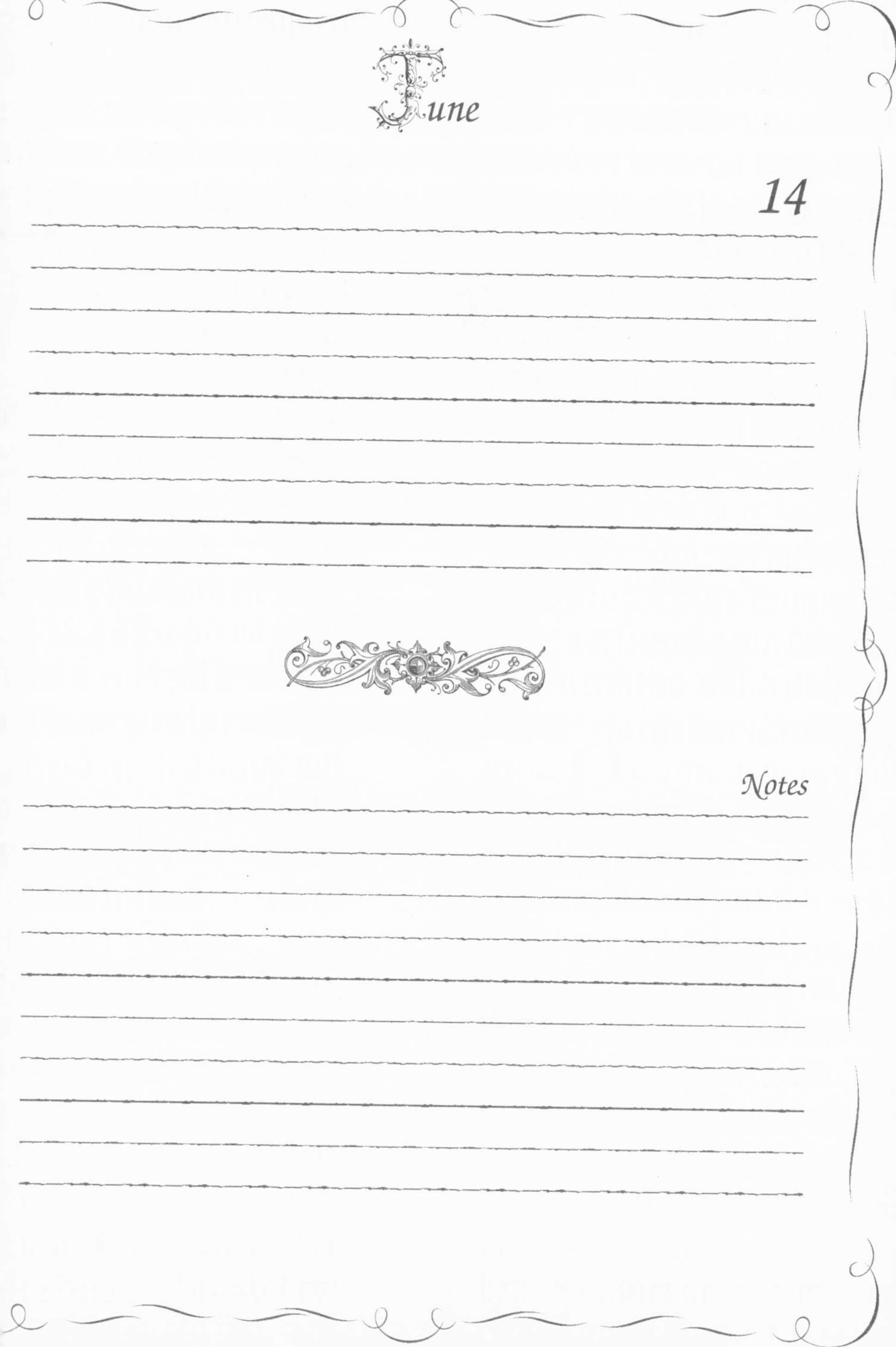

June

14

Notes

June

15

16

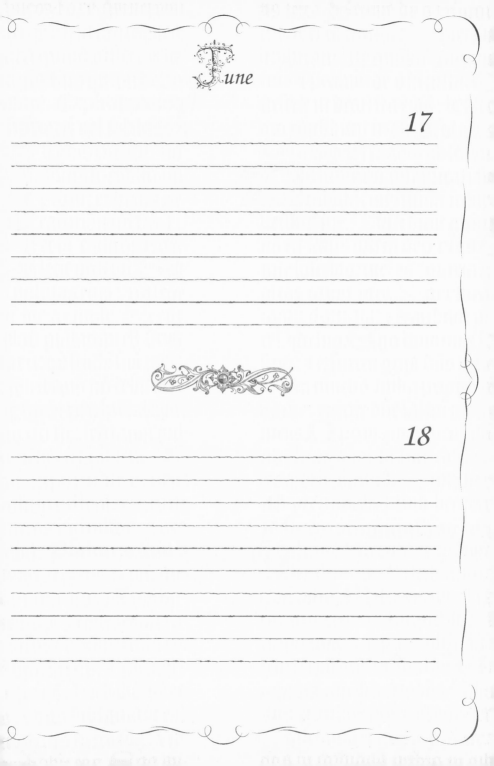

June

17

18

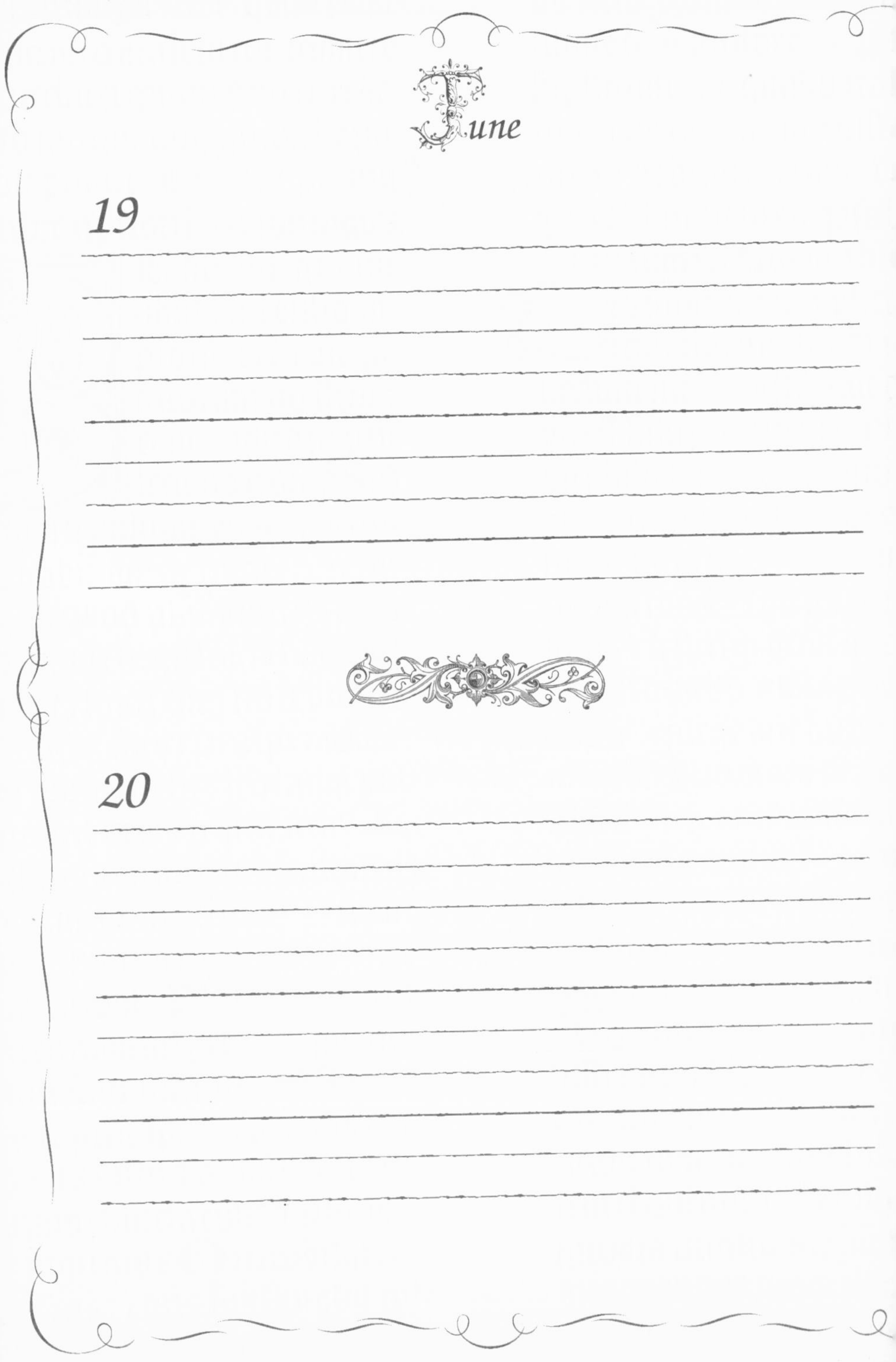

June

19

20

June

21

Notes

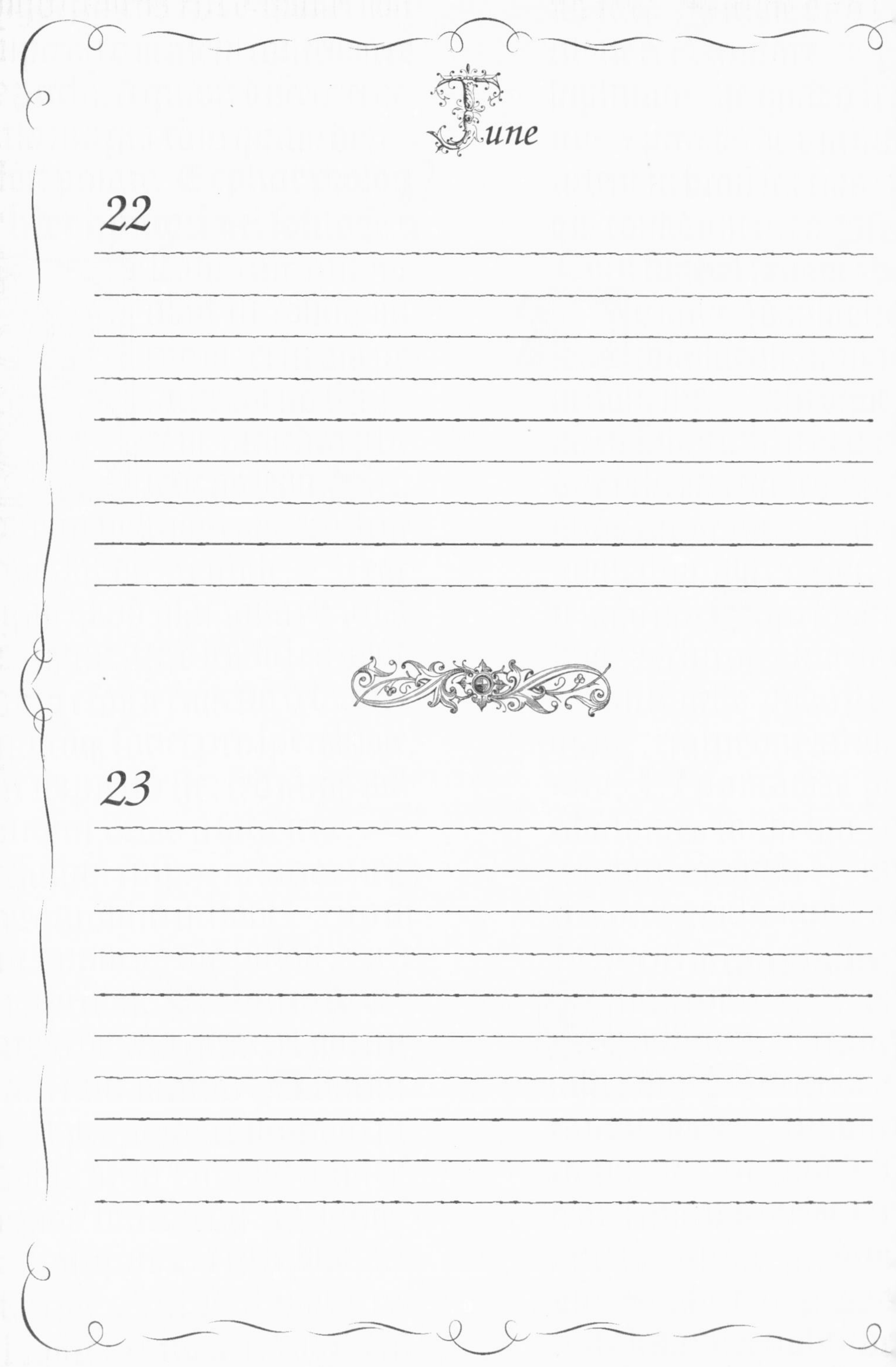

June

22

23

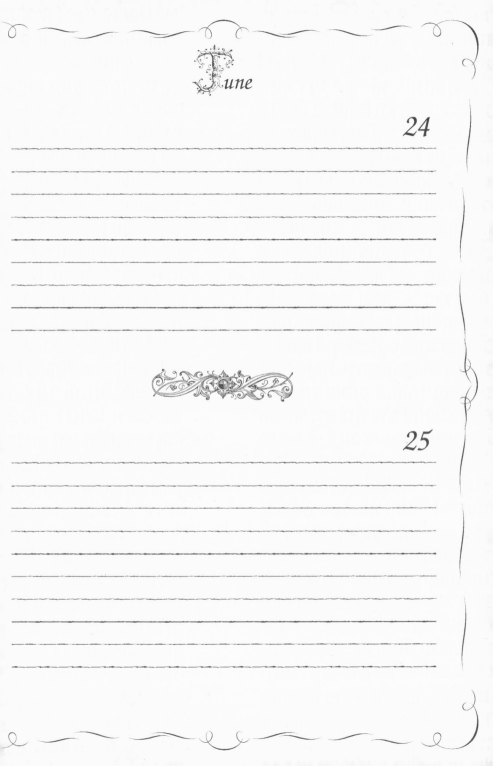

June

24

25

June

26

27

June

28

Notes

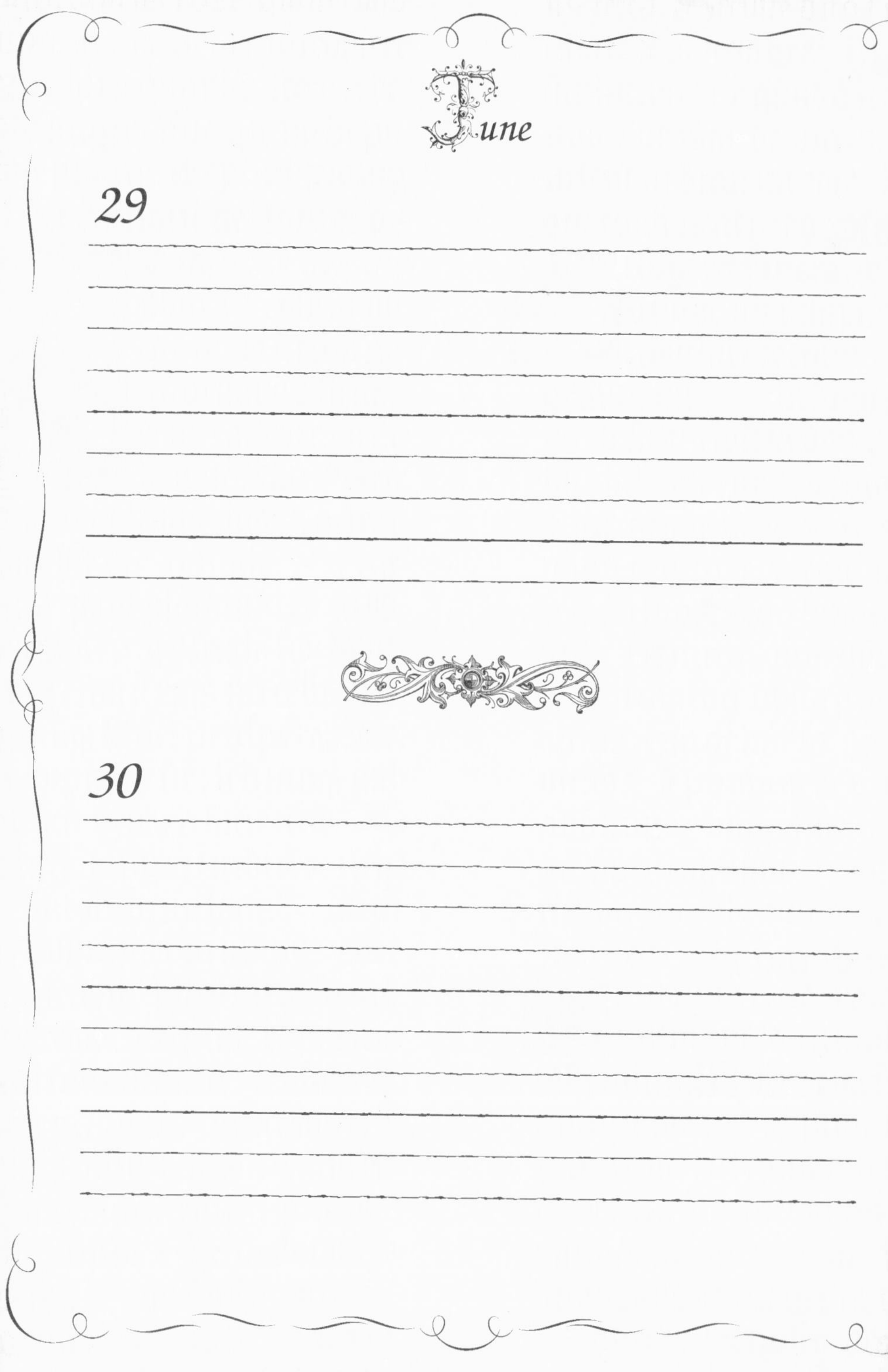

June

29

30

June

Notes

Notes

July
1
2

July

3

4

July

5

6

July

7

Notes

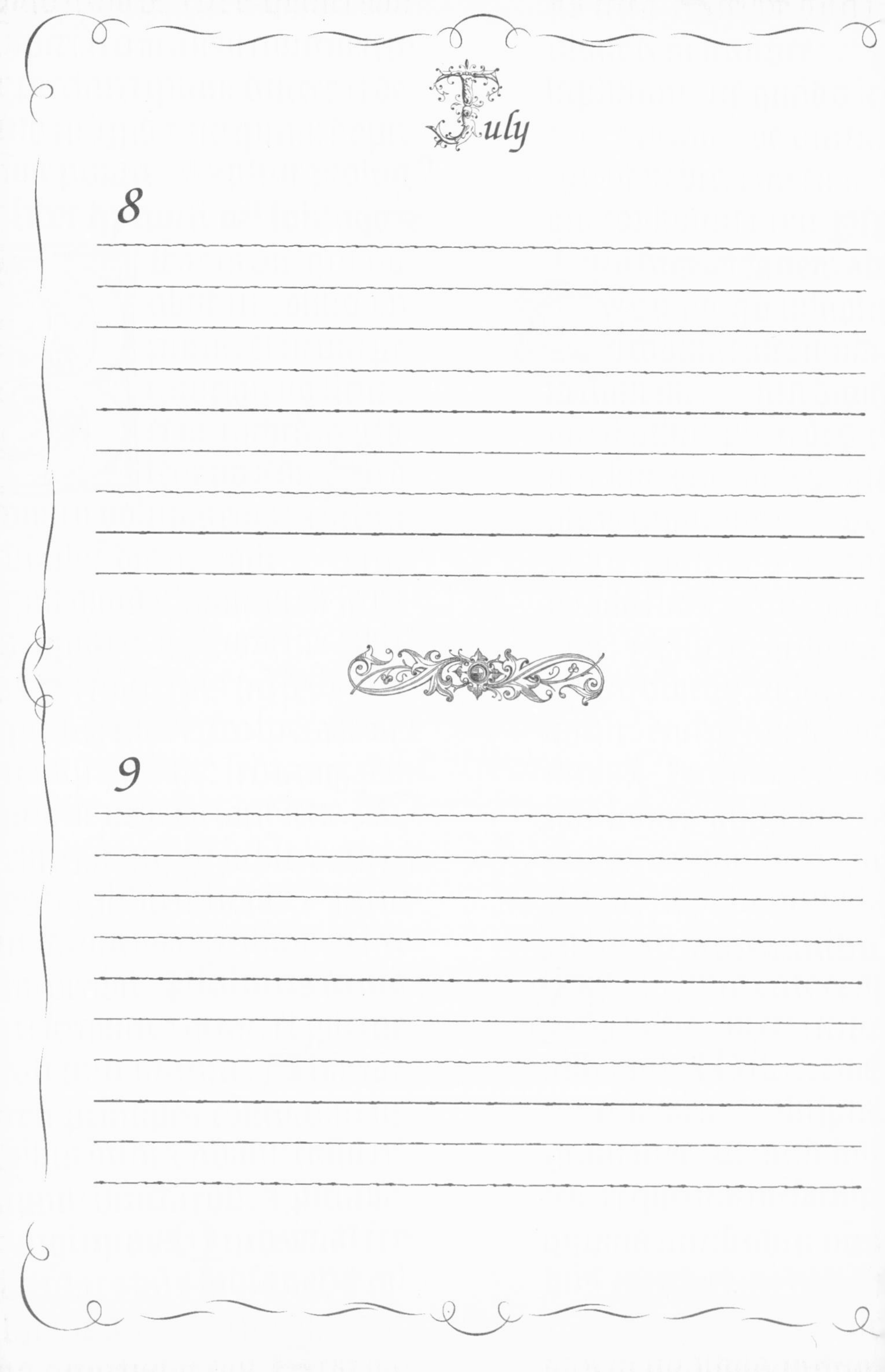

July

8

9

July

10

11

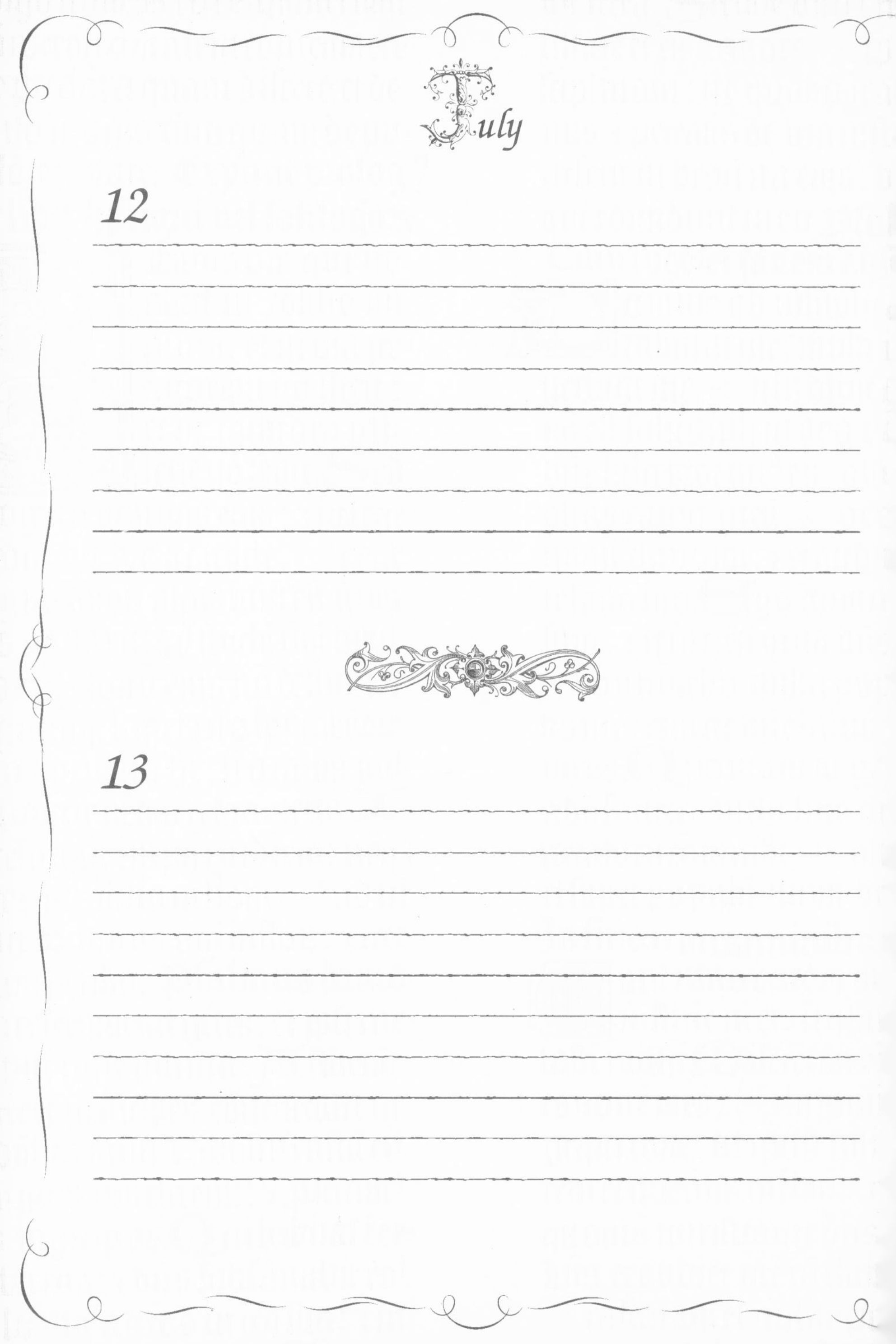

July

12

13

July

14

Notes

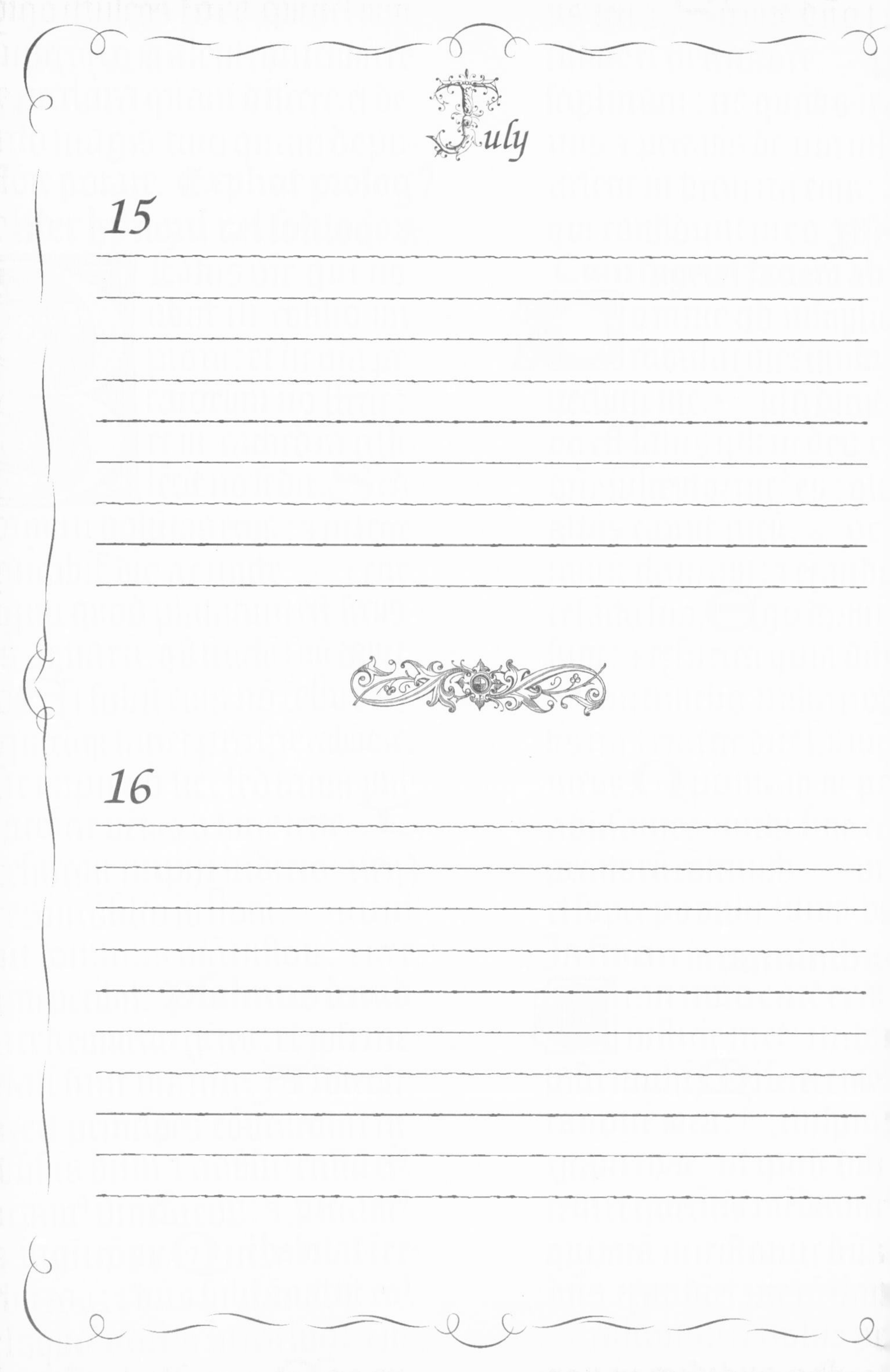

July

15

16

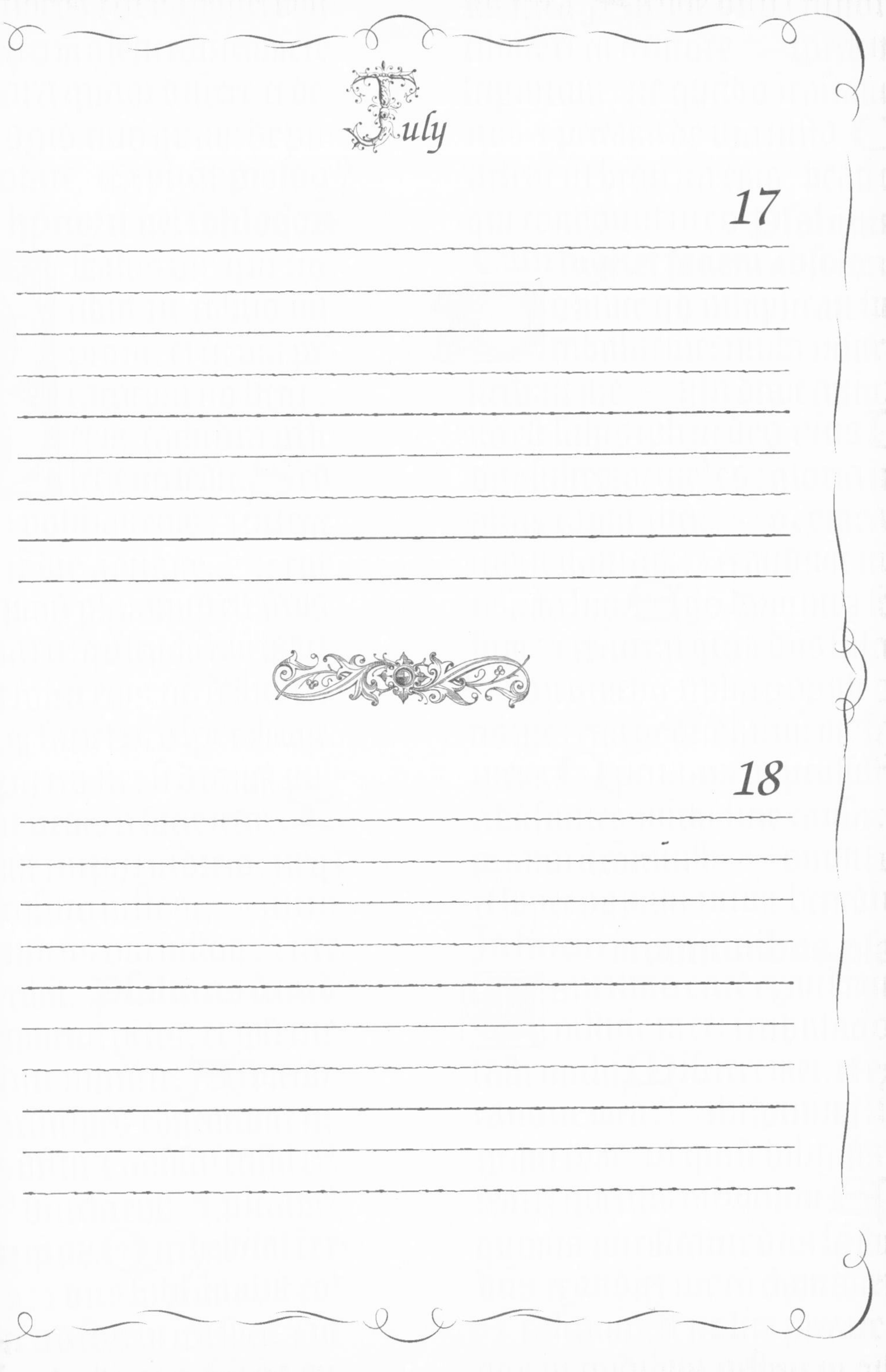

July

17

18

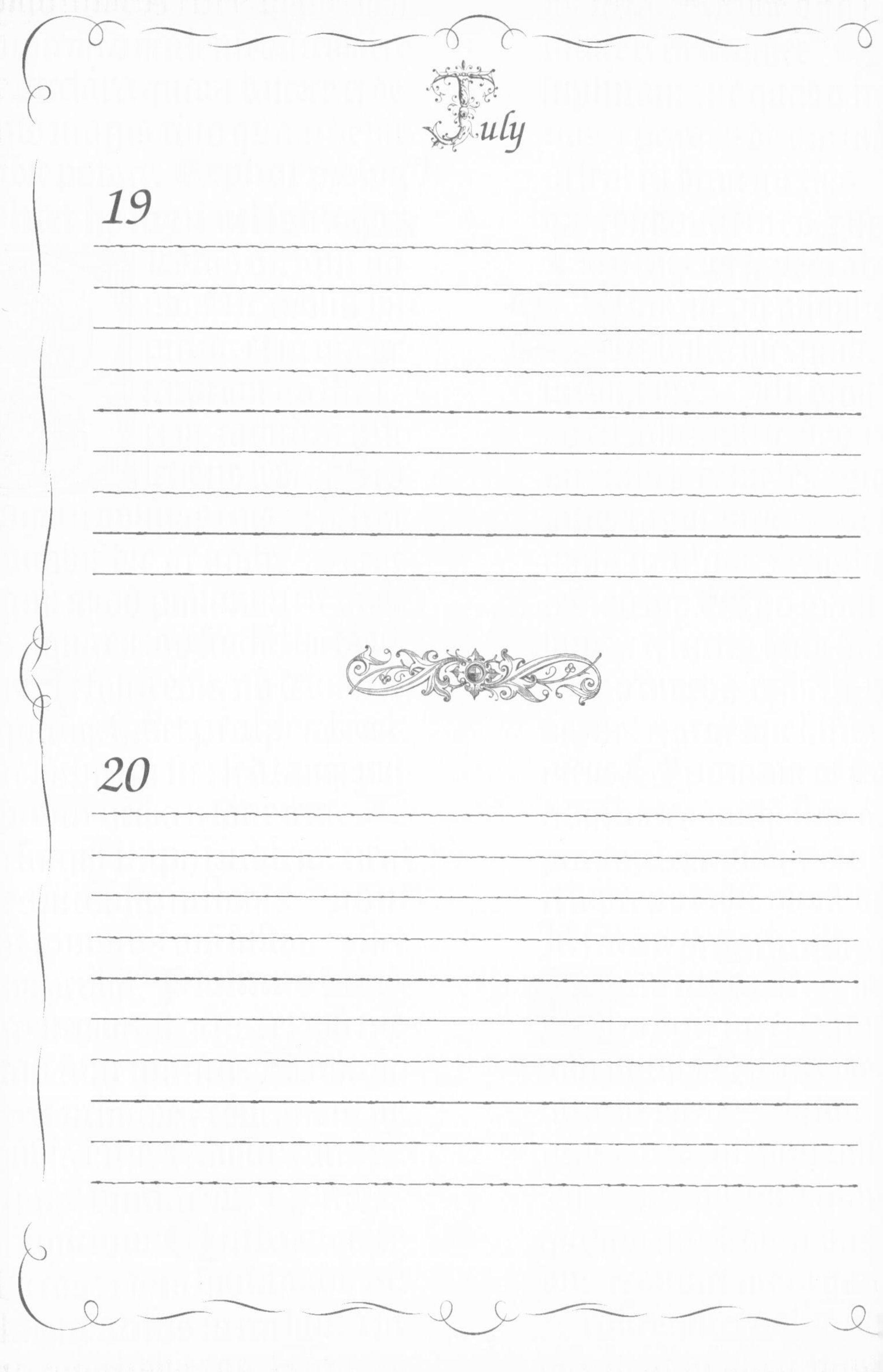

July

19

20

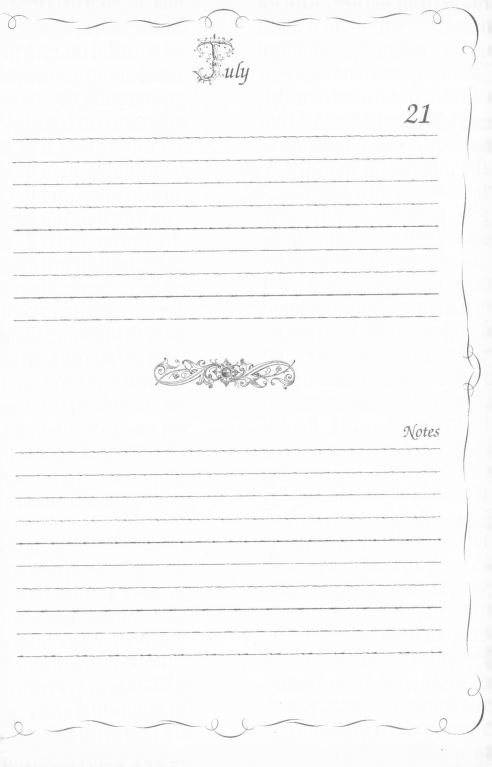

July

21

Notes

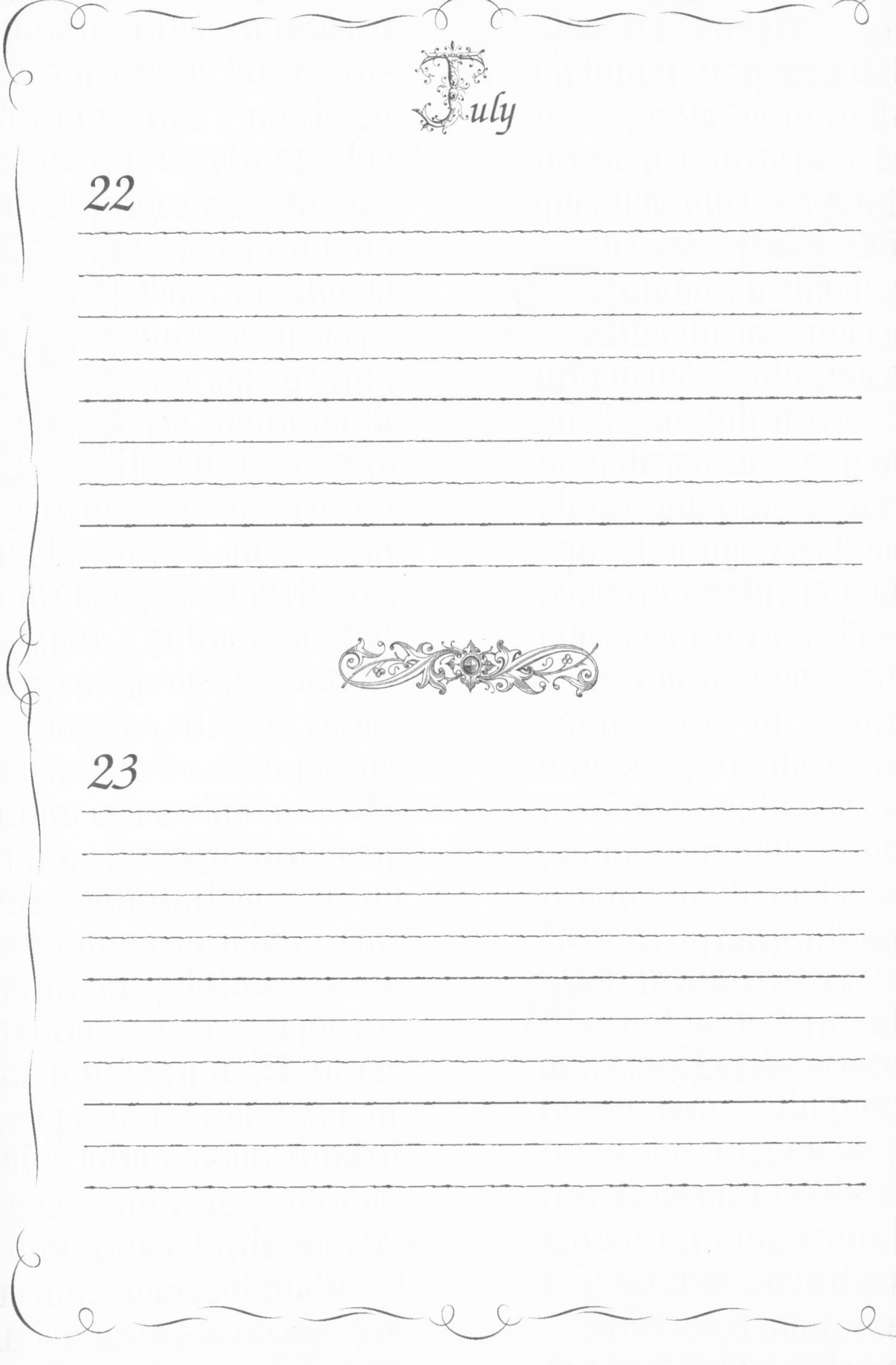

July

22

23

July

24

25

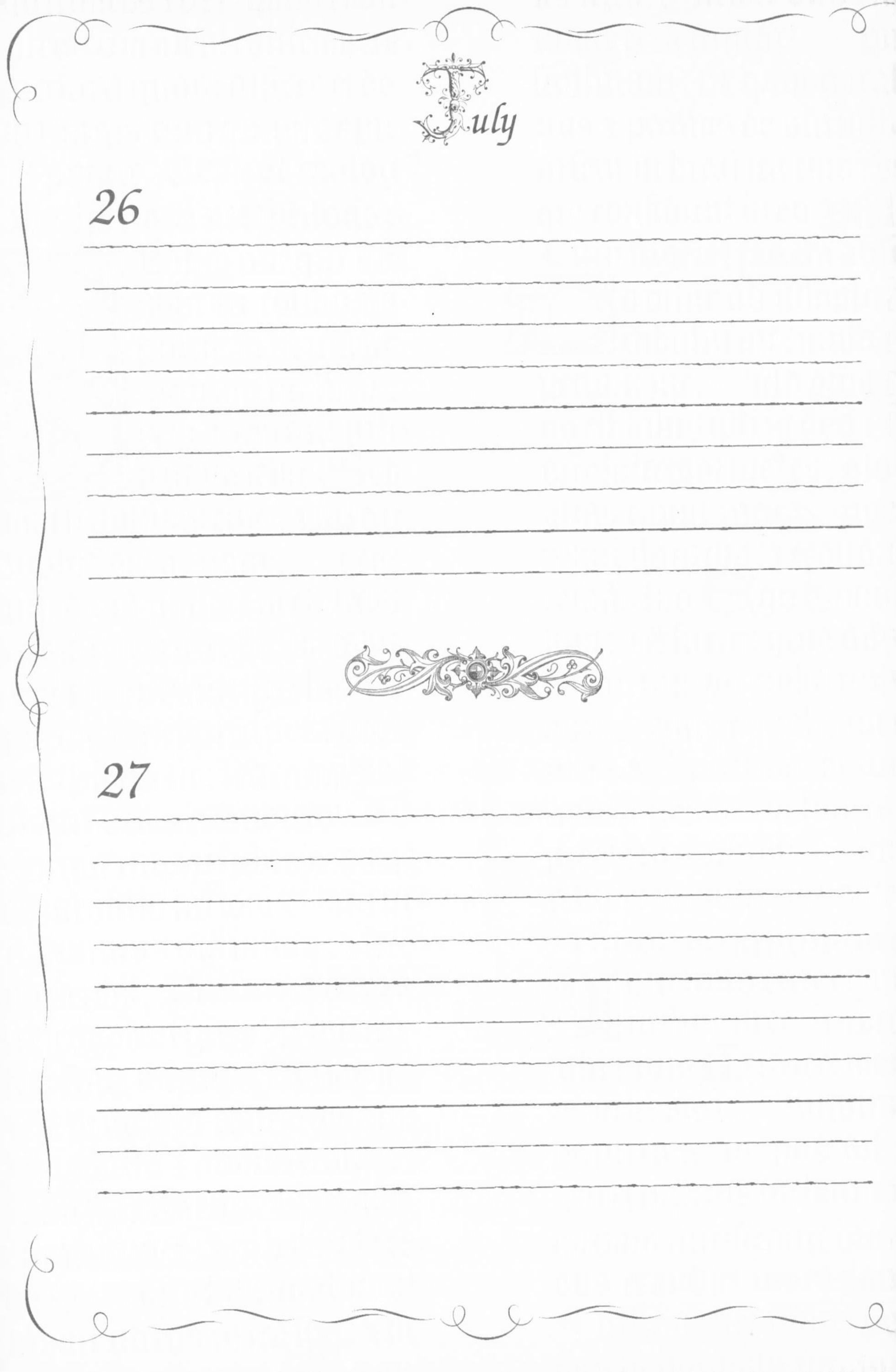

July

26

27

July

28

Notes

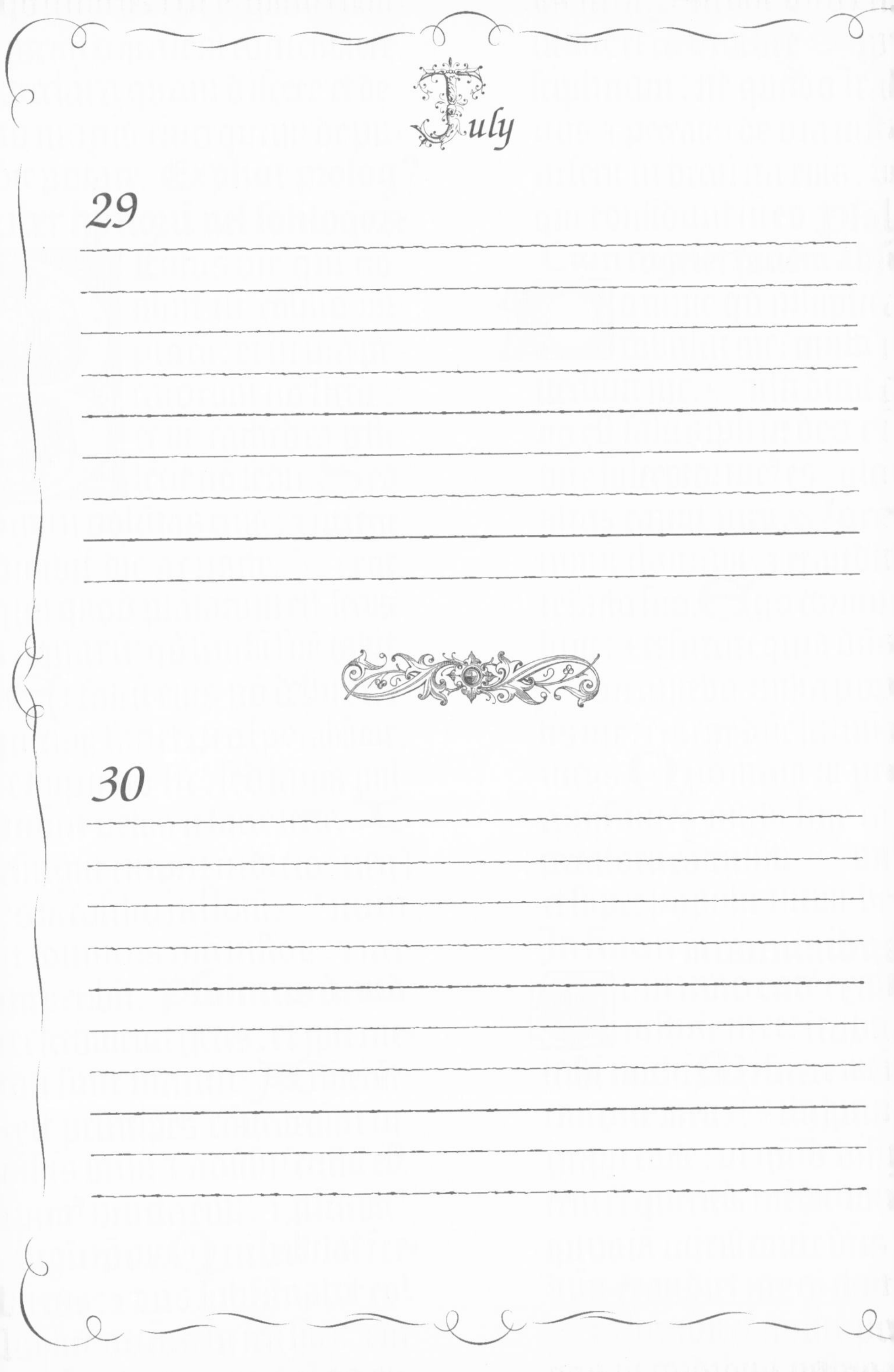

July

29

30

July

31

Notes

August

1

2

August

3

4

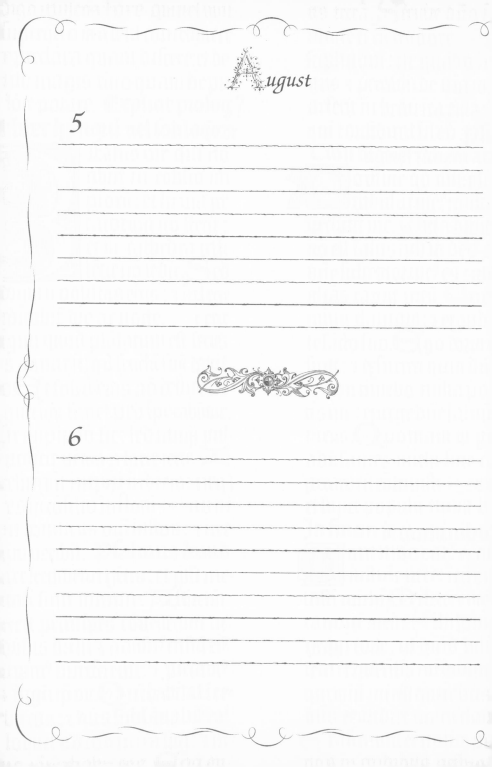

August

5

6

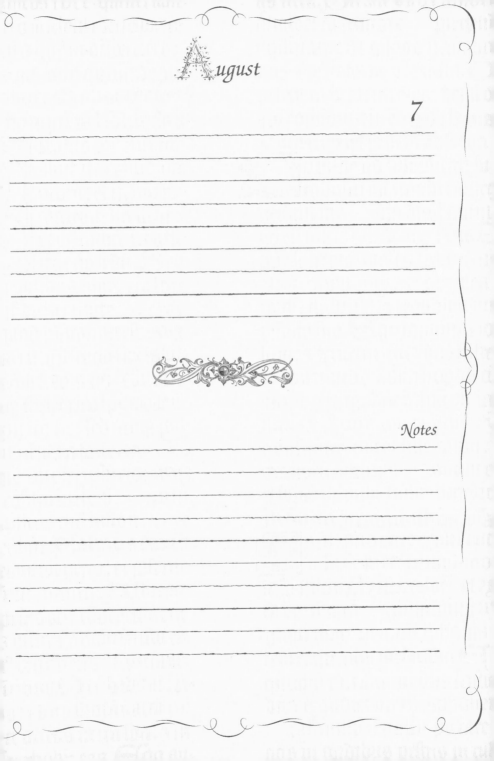

August

7

Notes

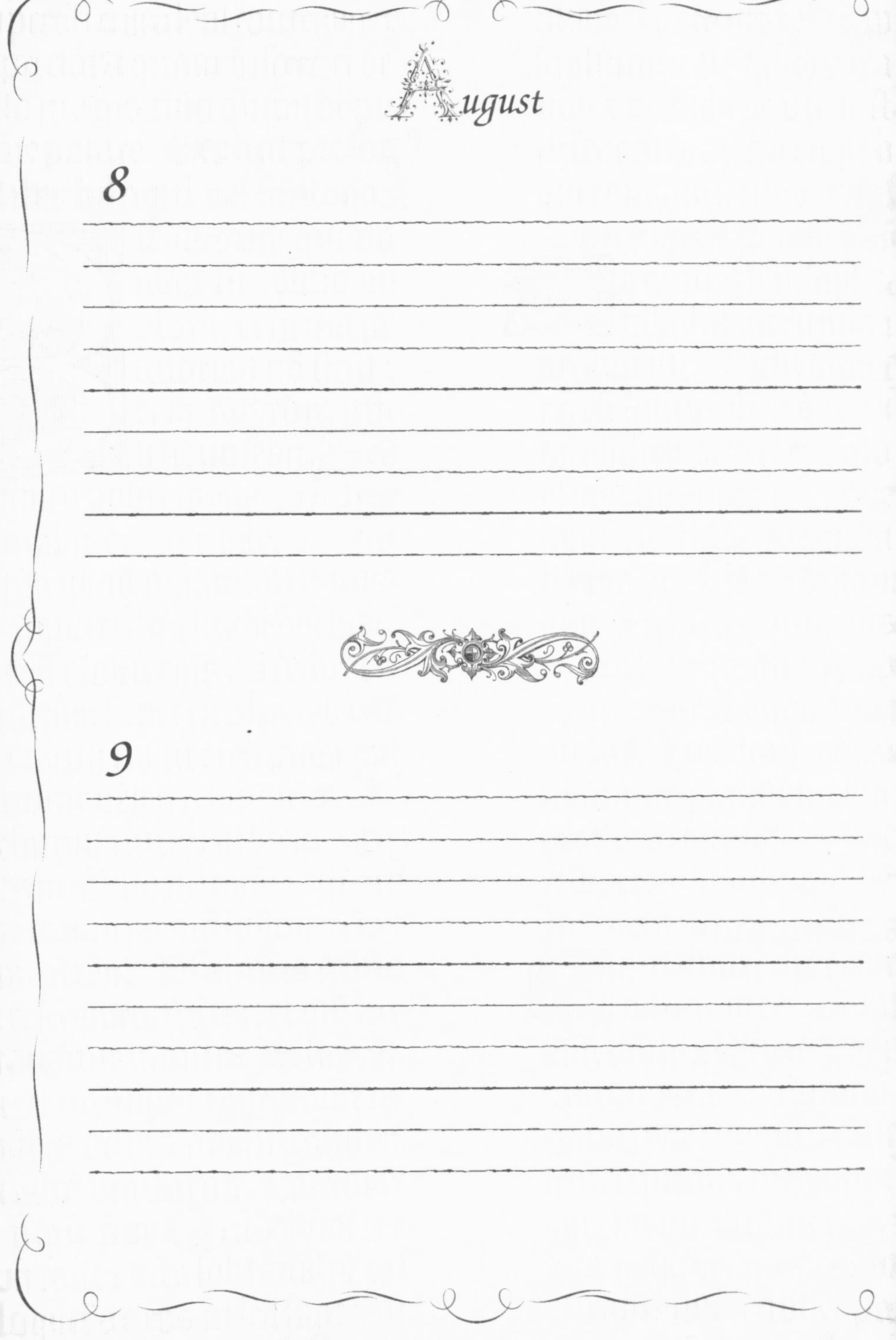

August

8

9

August

10

11

August

12

13

August

14

Notes

August

15

16

August
17
18

August

19

20

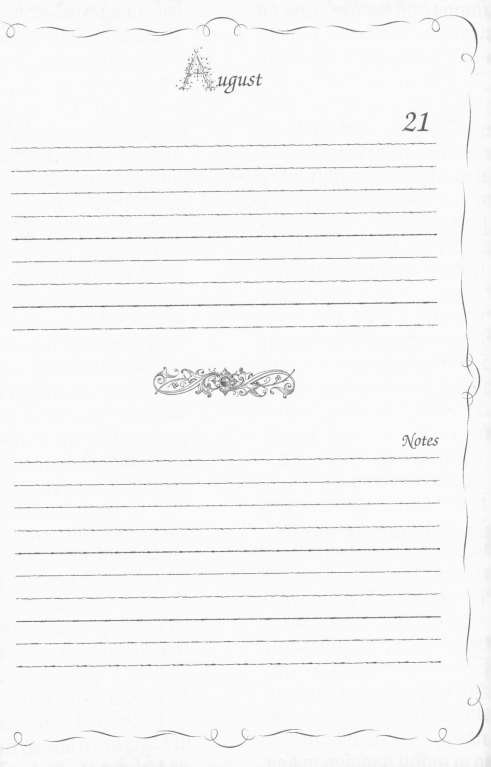

August

21

Notes

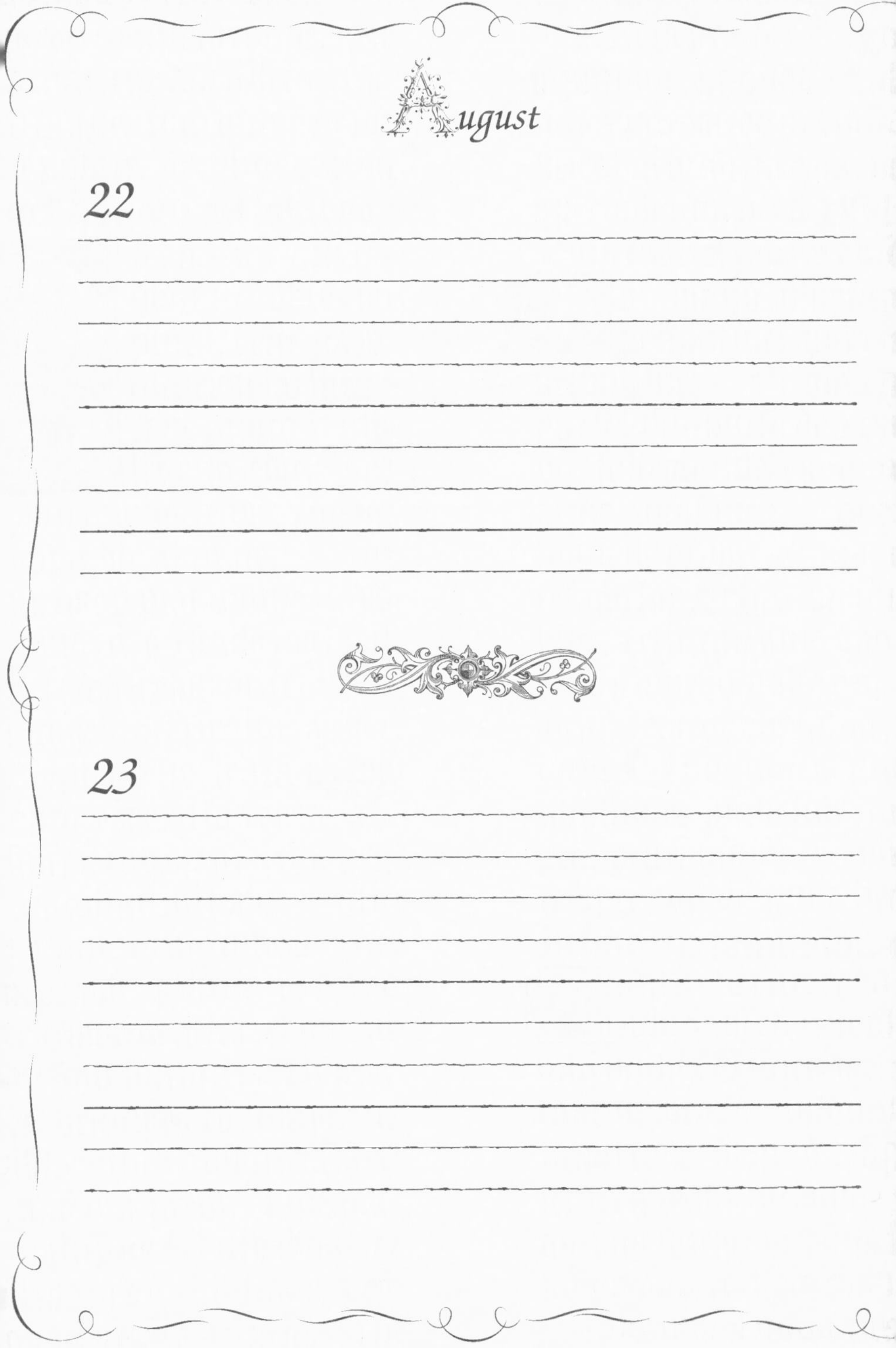

August

22

23

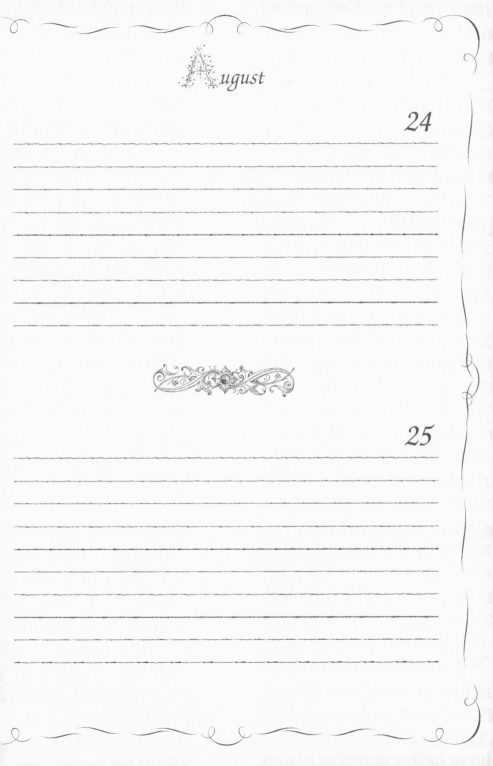

August

24

25

August

26

27

August

28

Notes

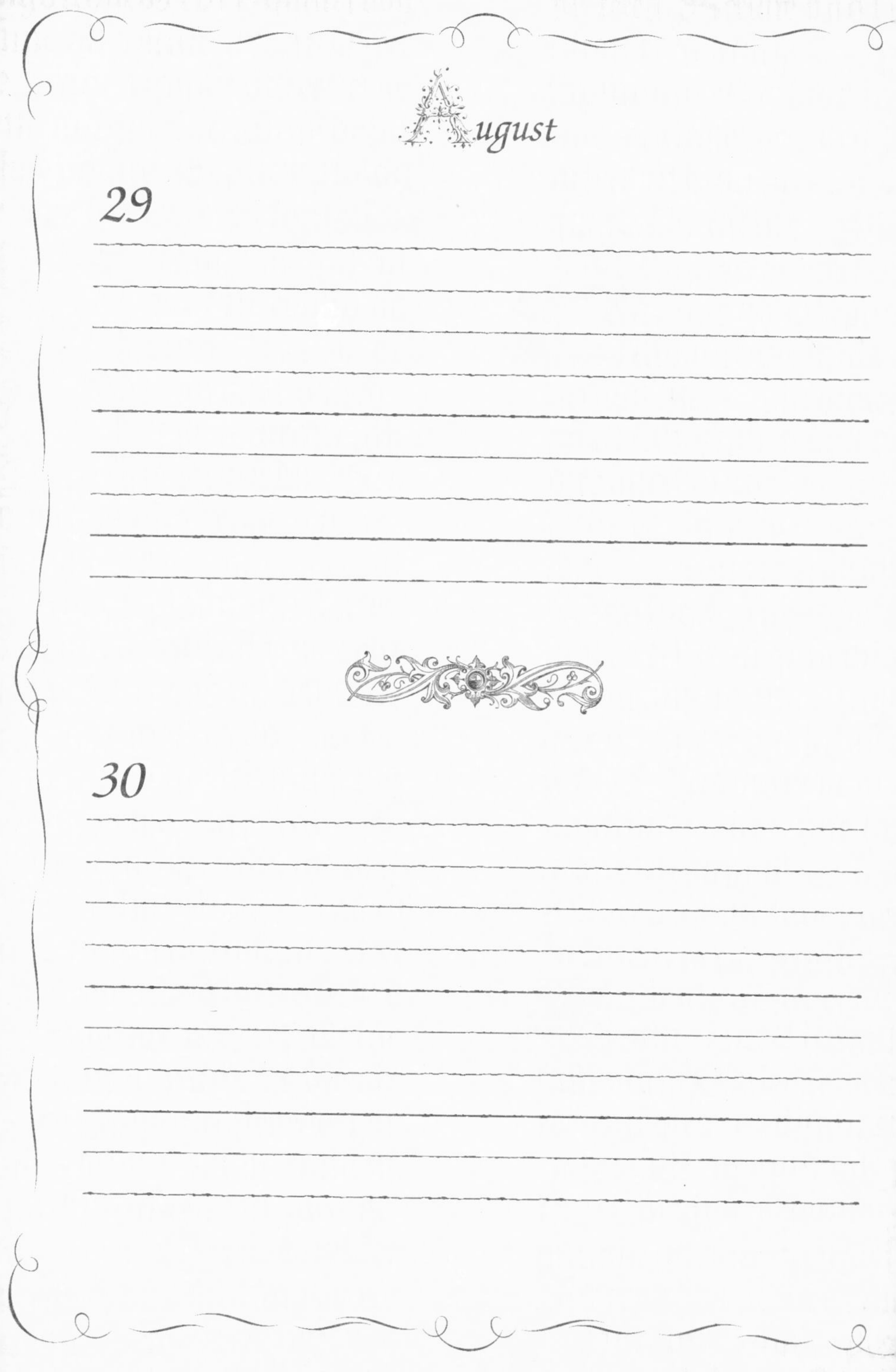

August

29

30

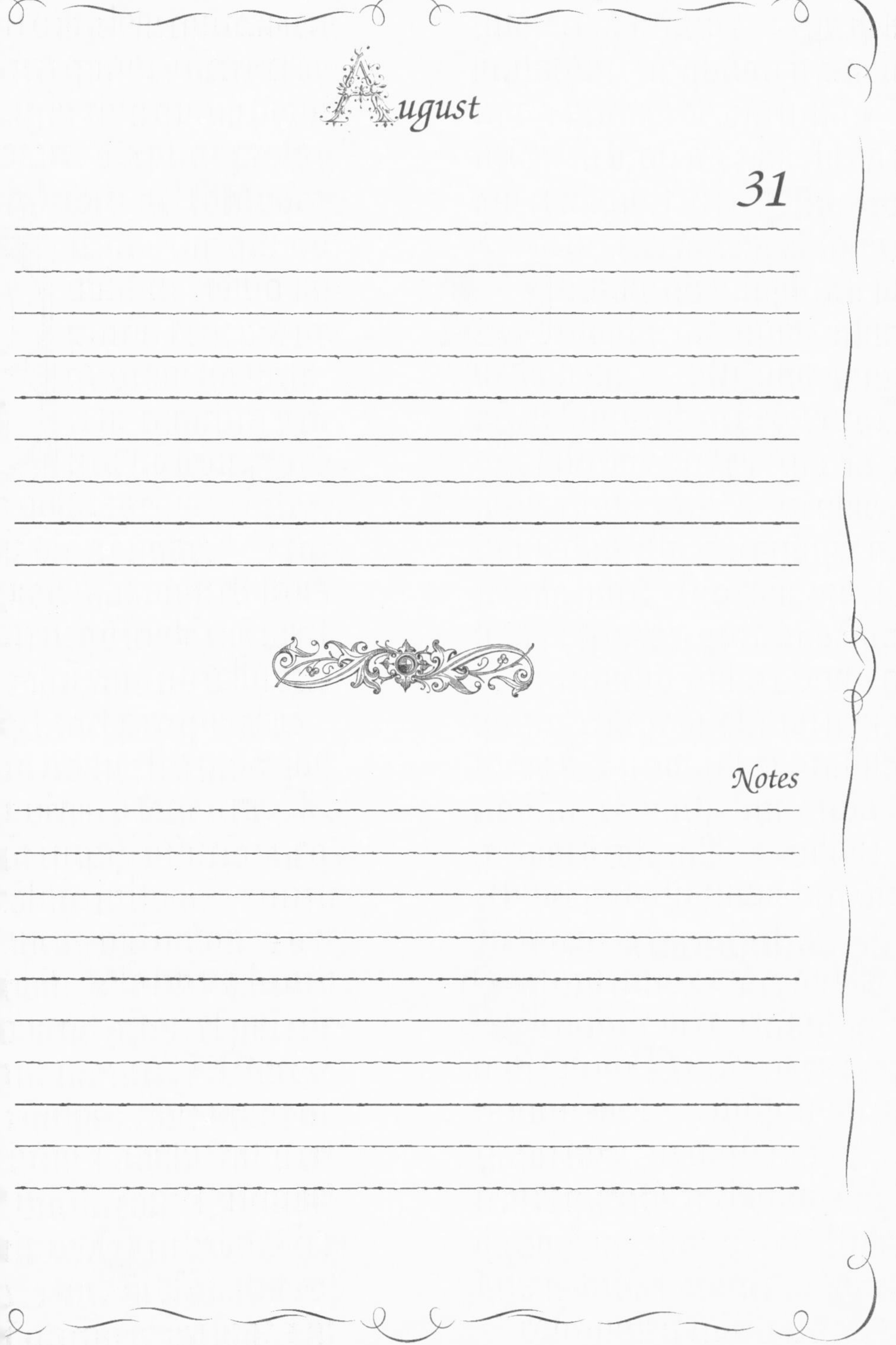

August

31

Notes

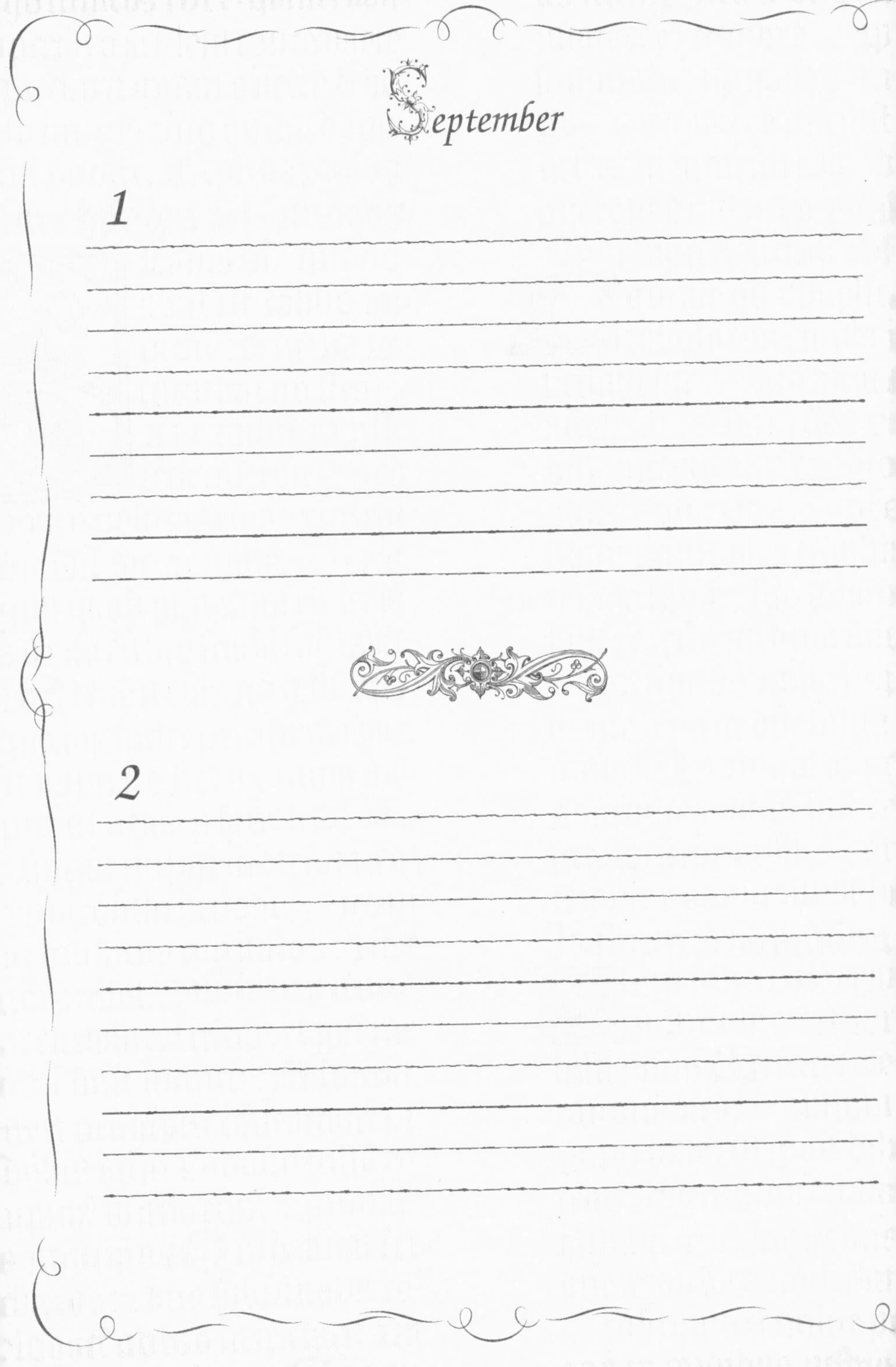

September

1

2

September

3

4

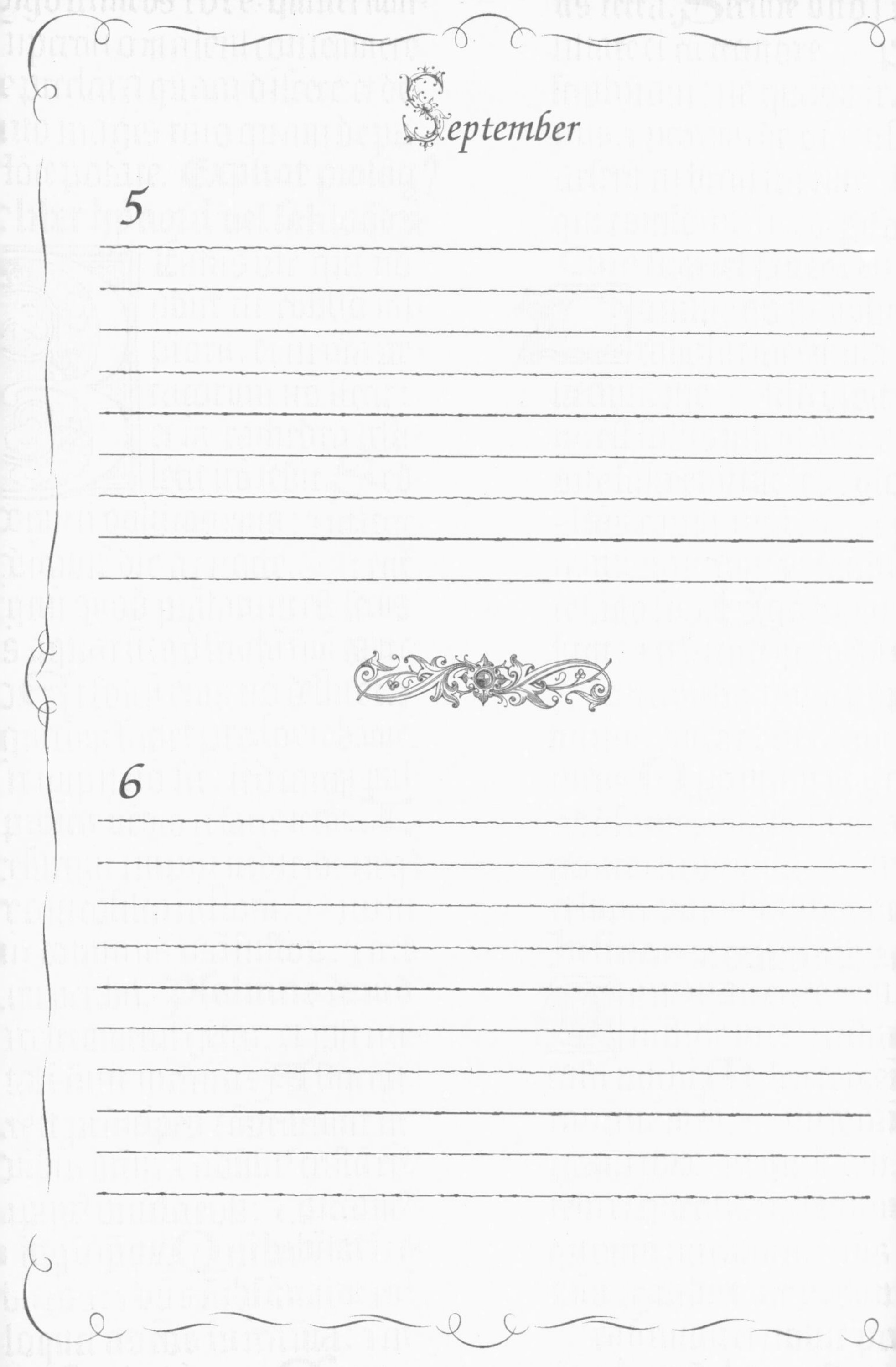

September

5

6

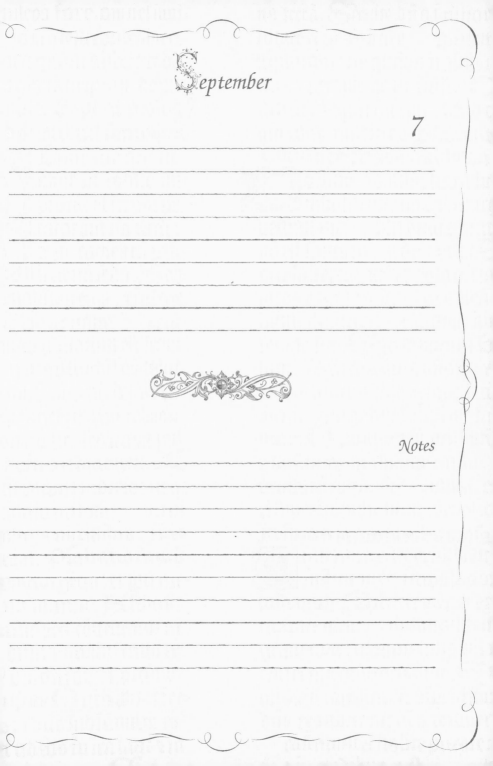

September

7

Notes

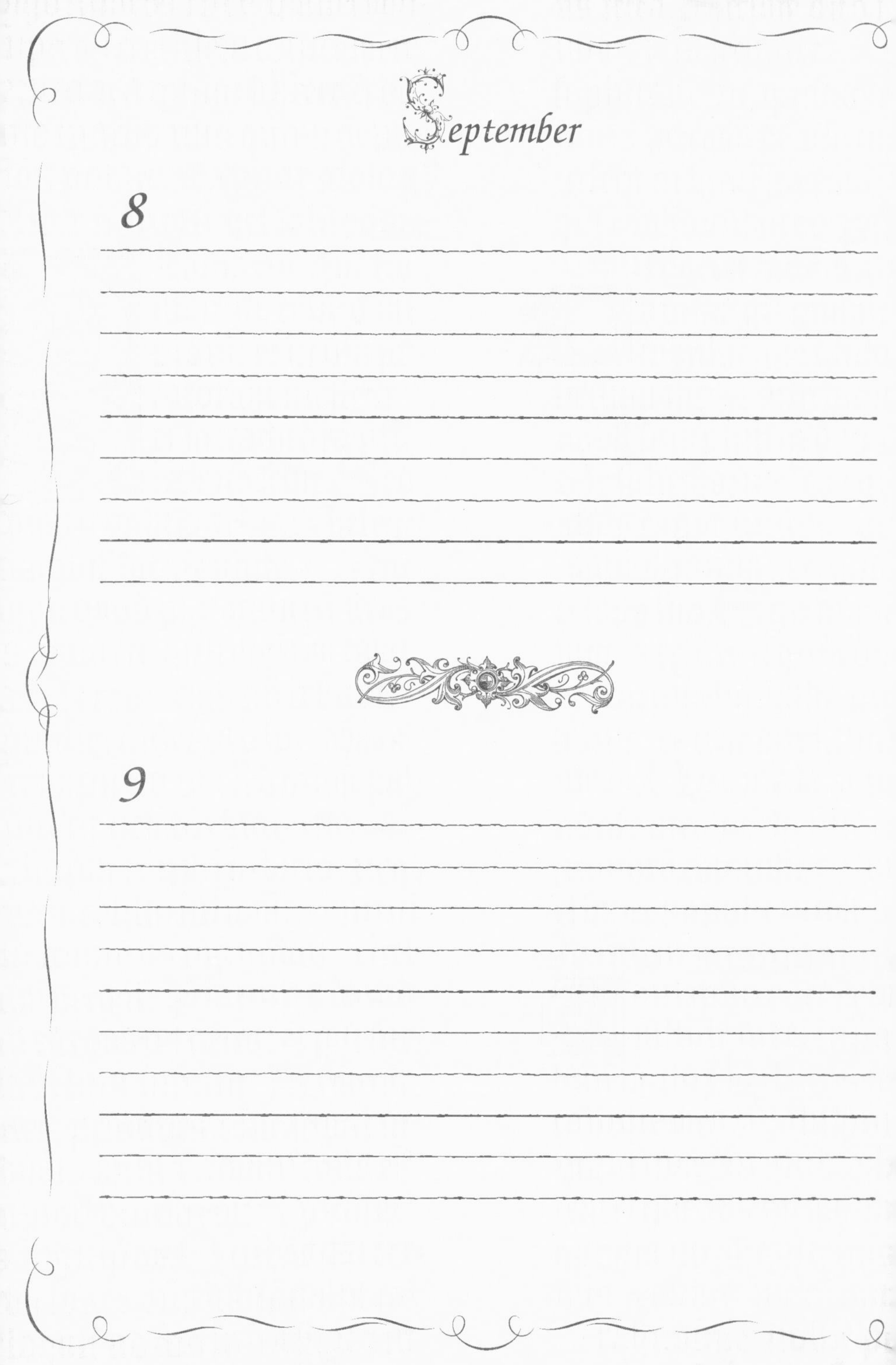

September

8

9

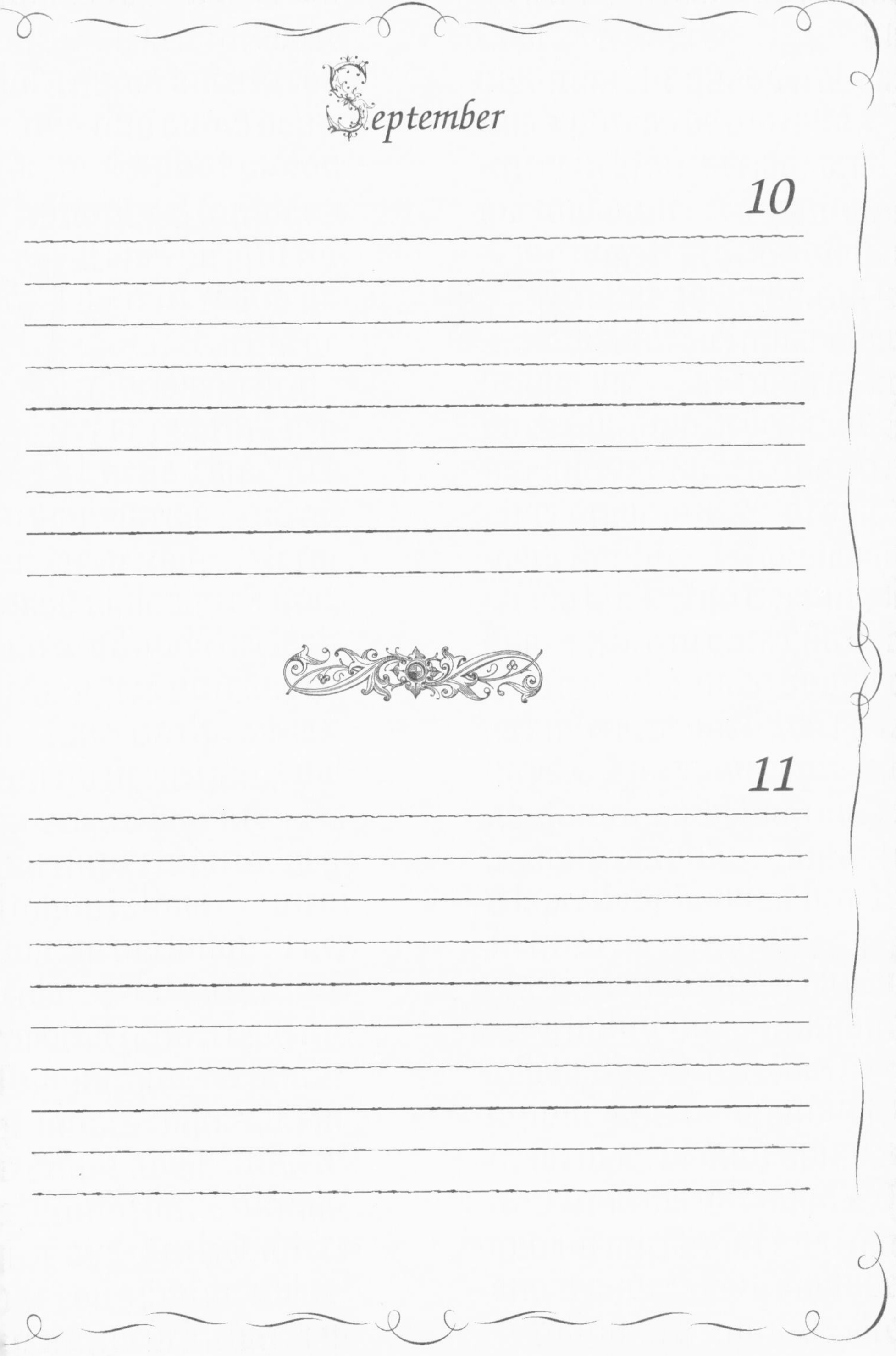

September

10

11

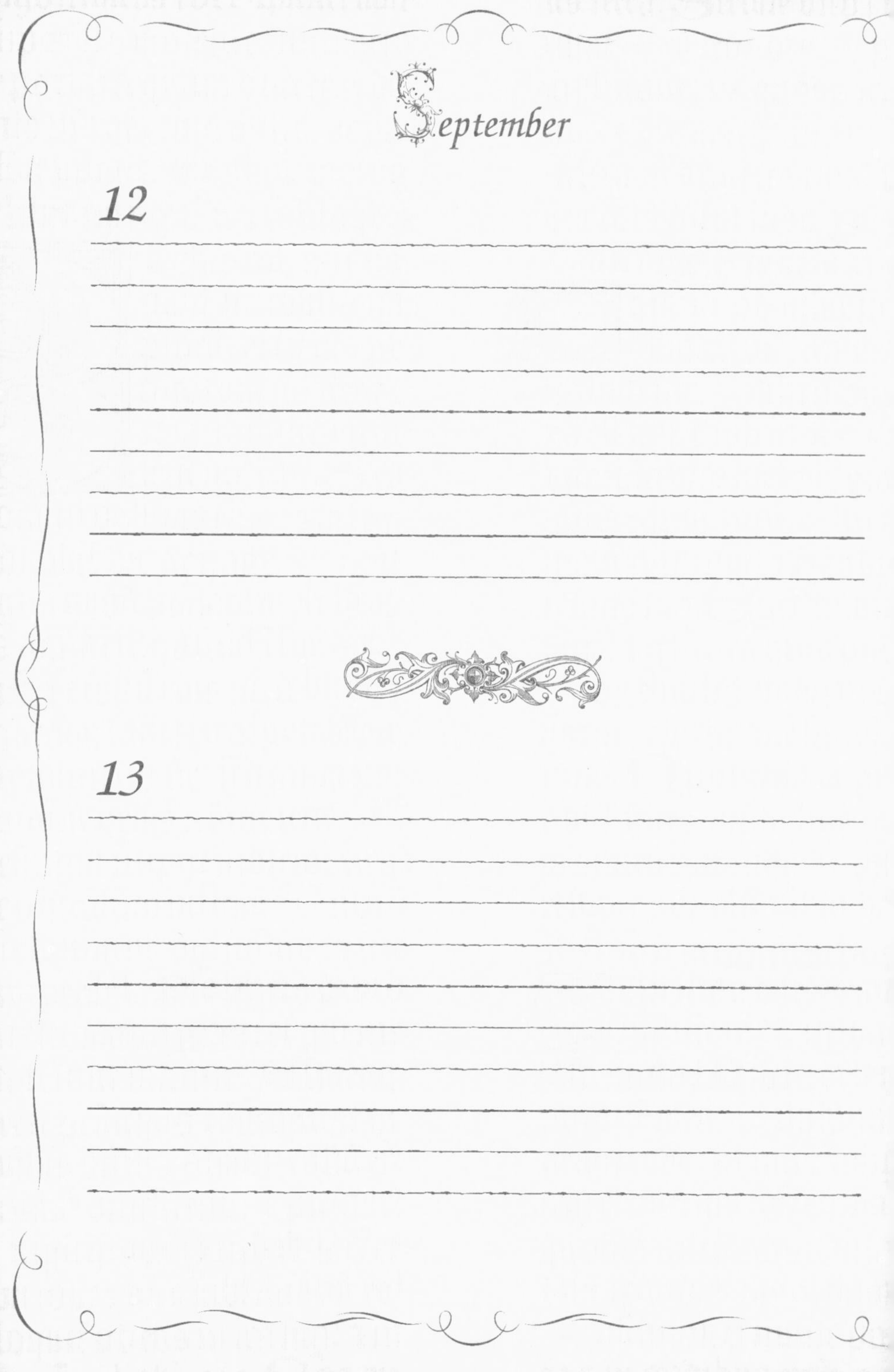

September

12

13

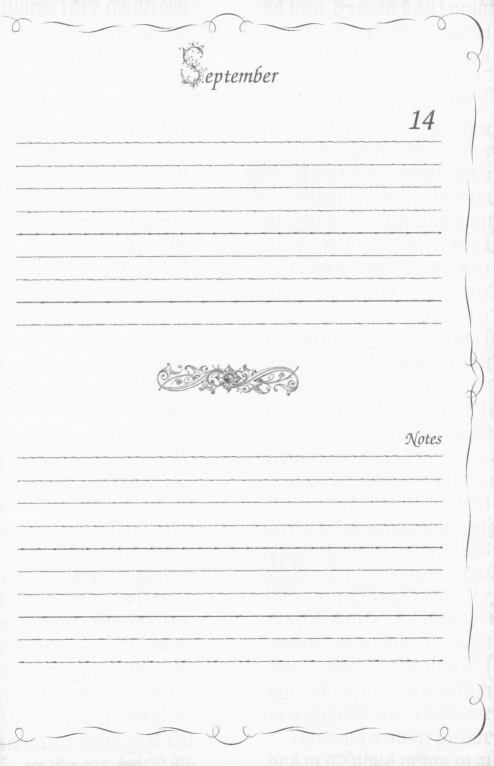

September

14

Notes

September

15

16

September

17

18

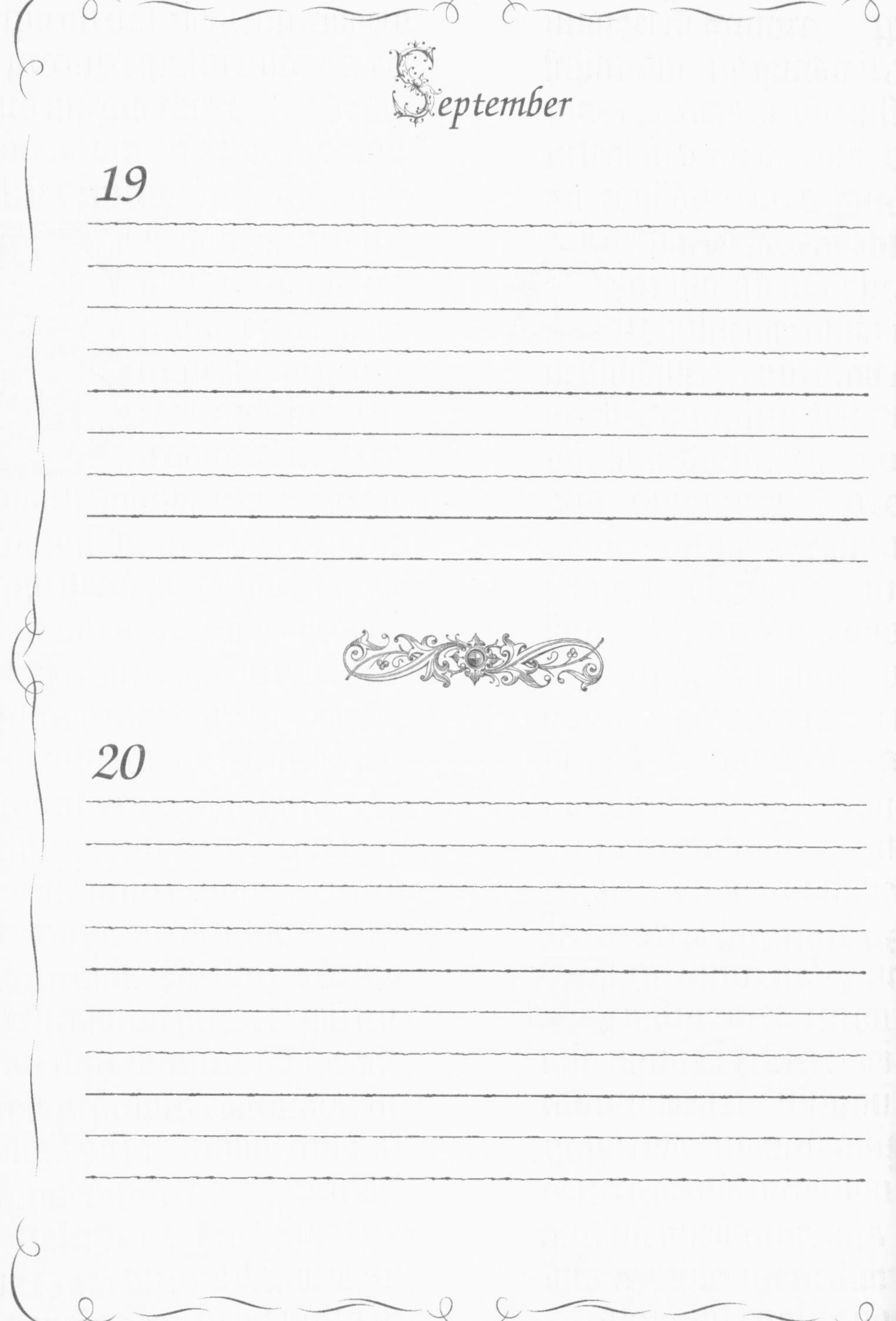

September

19

20

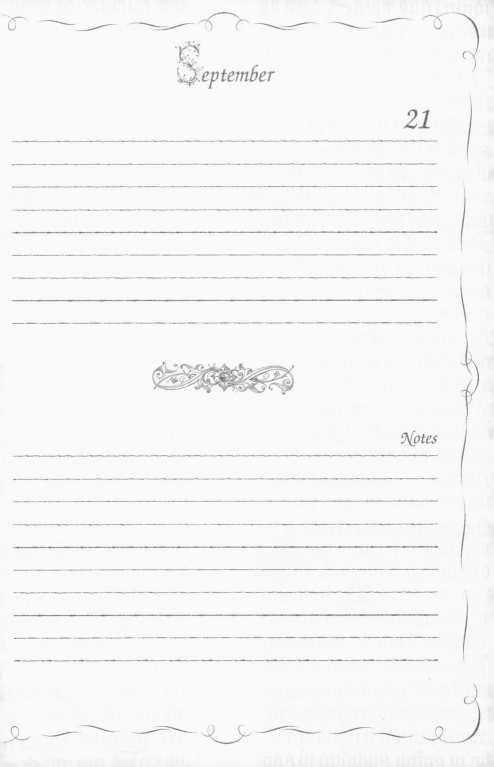

September

21

Notes

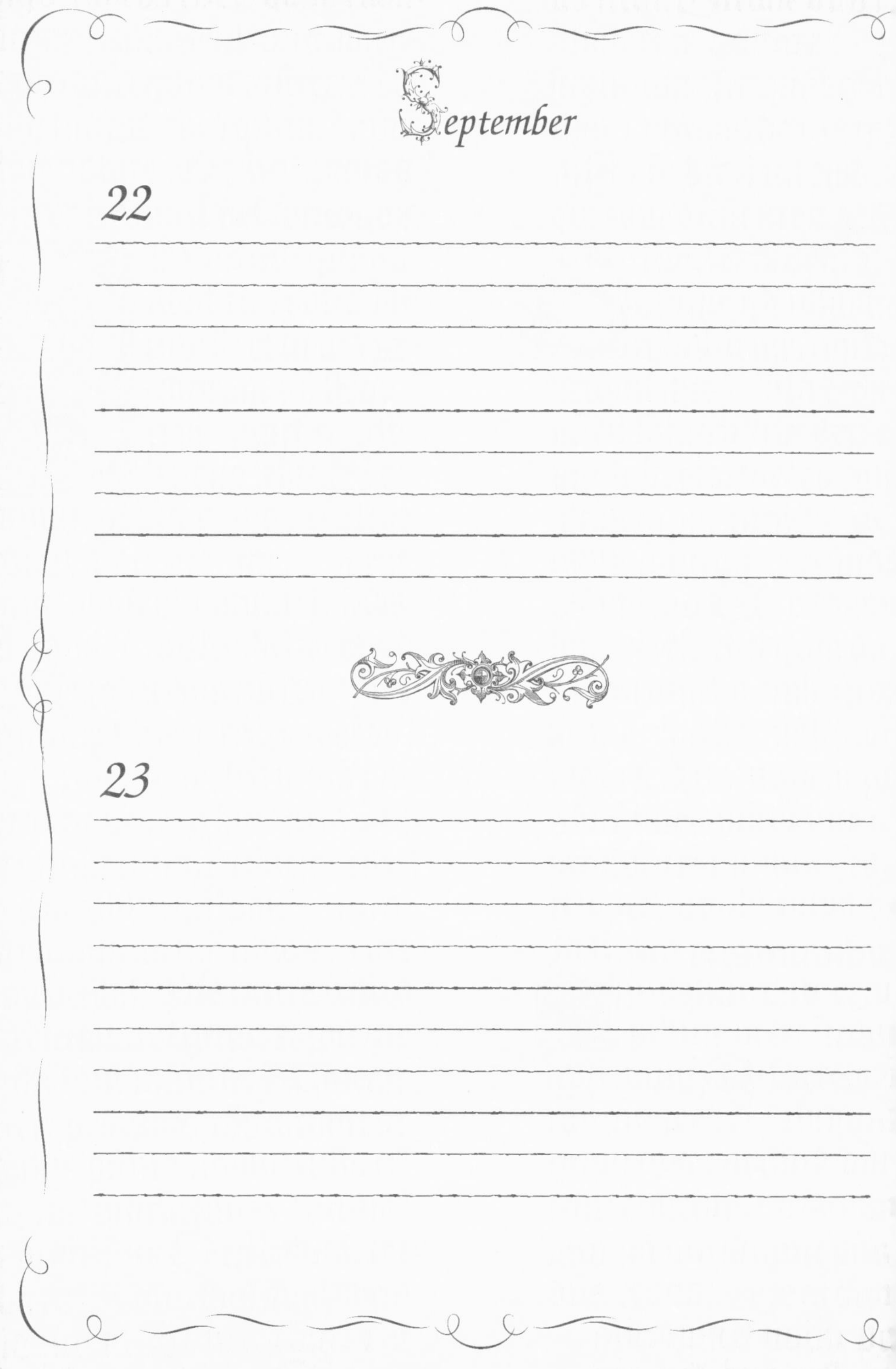

September

22

23

September

24

25

September

26

27

September

28

Notes

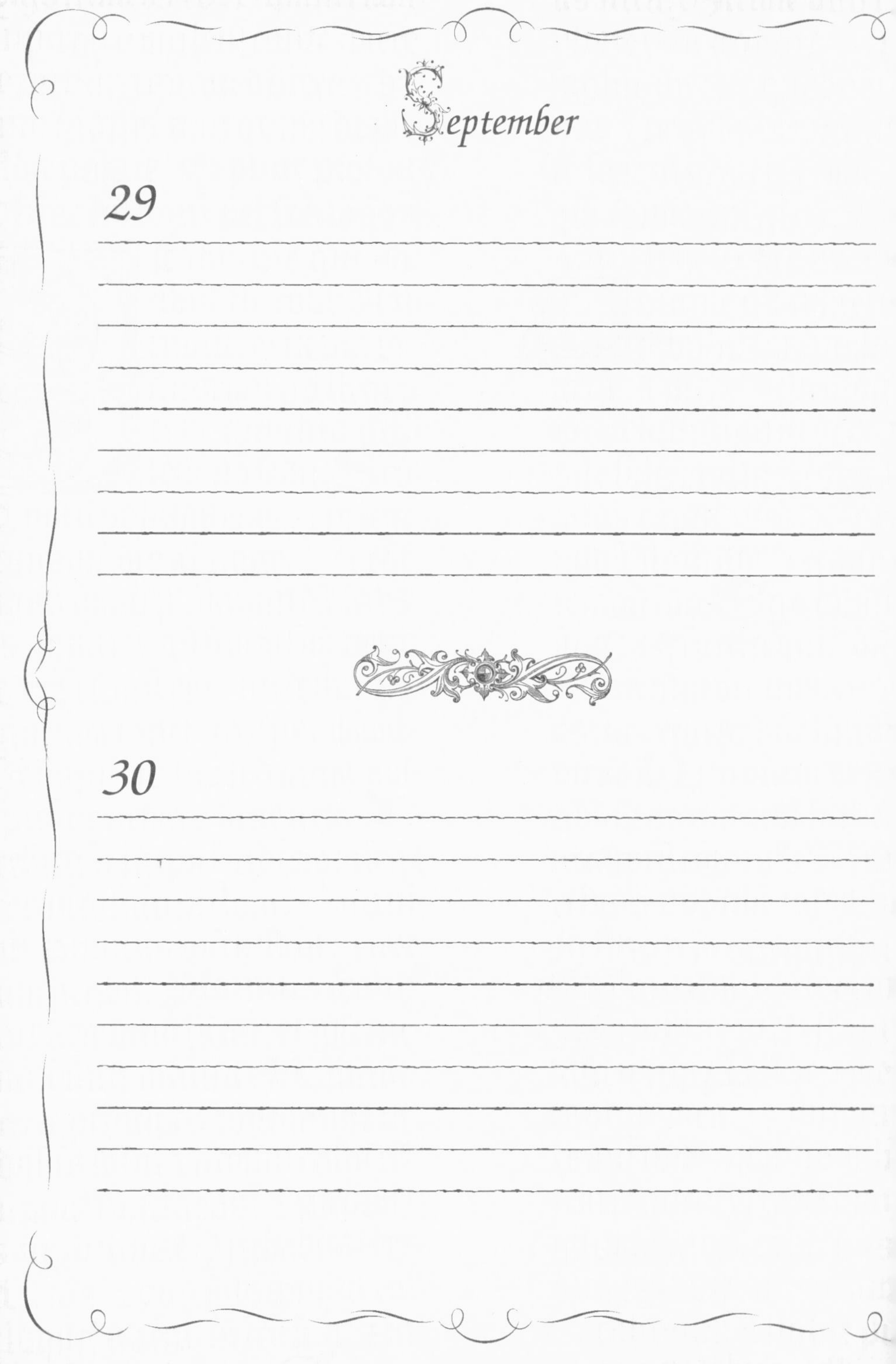

September

29

30

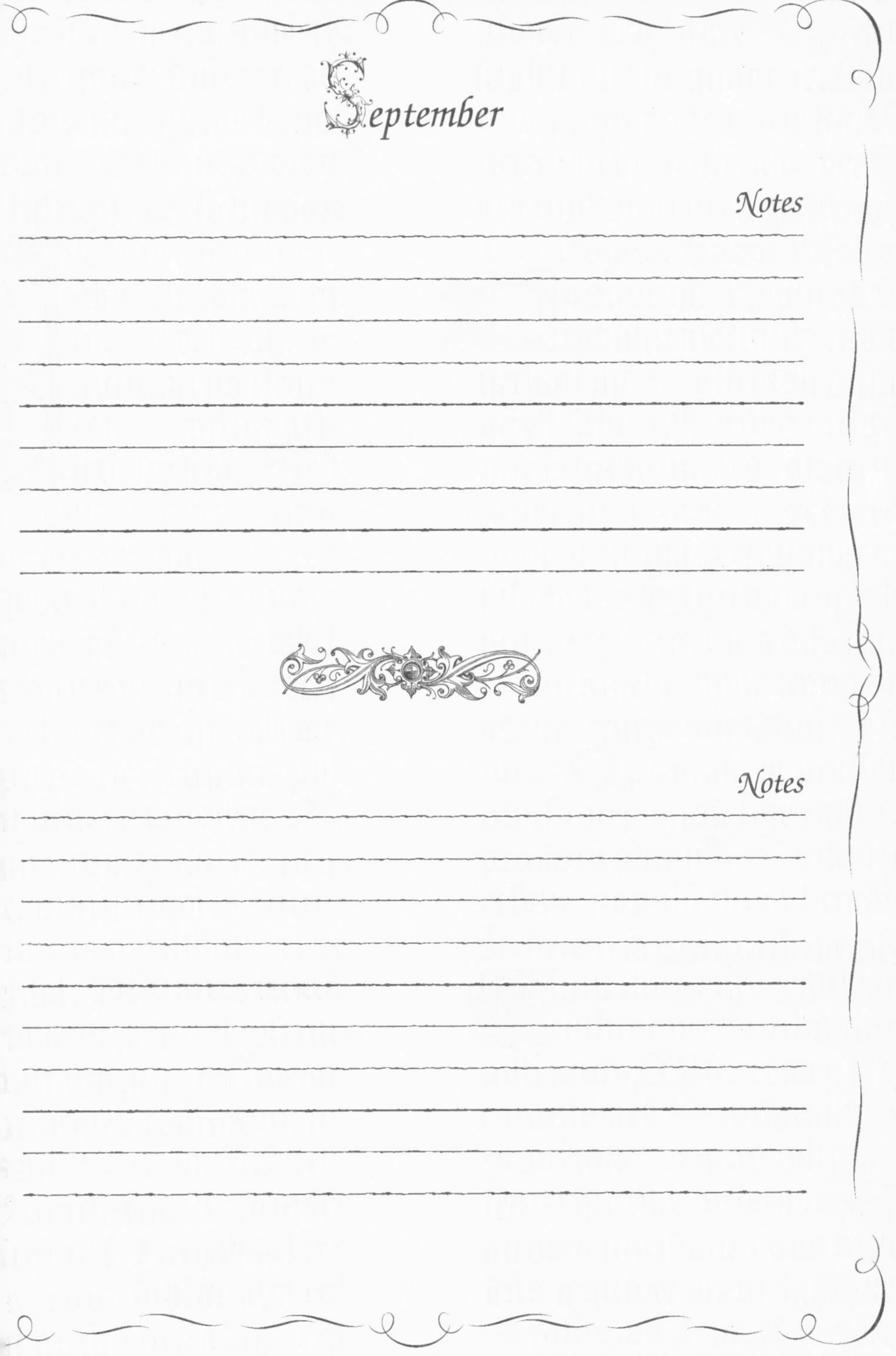

September

Notes

Notes

October

1

2

October

3

4

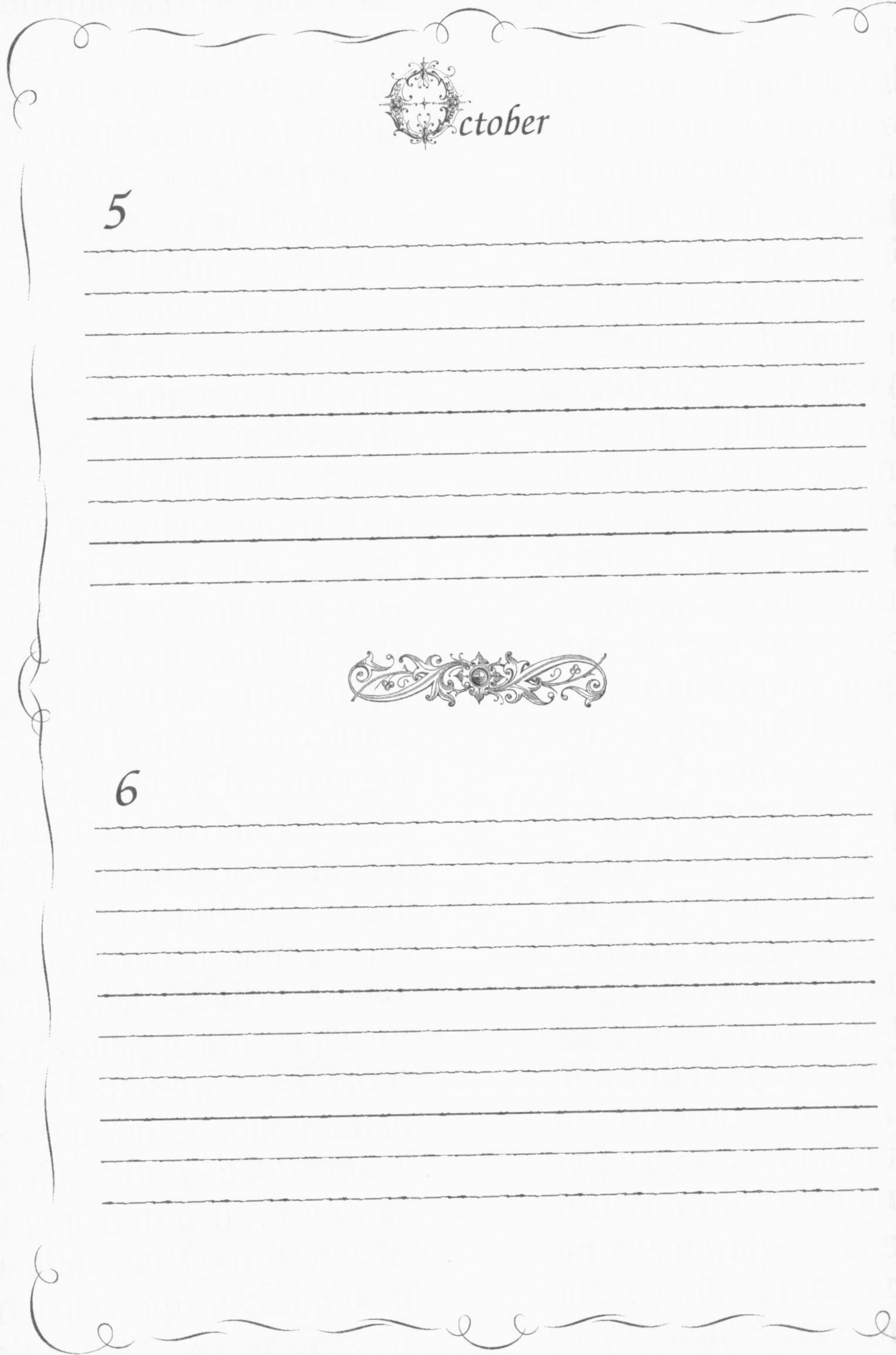

October

5

6

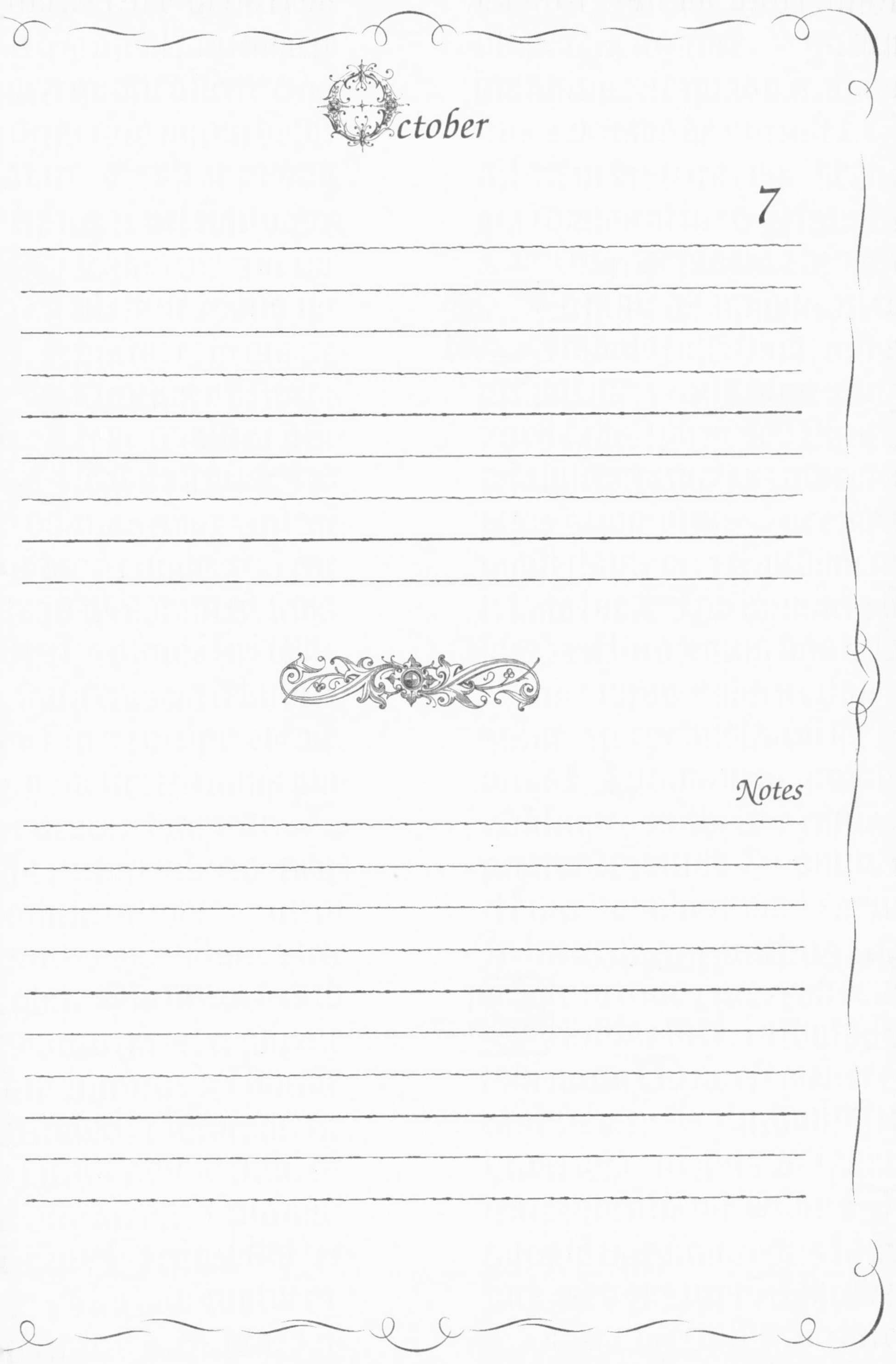

October

7

Notes

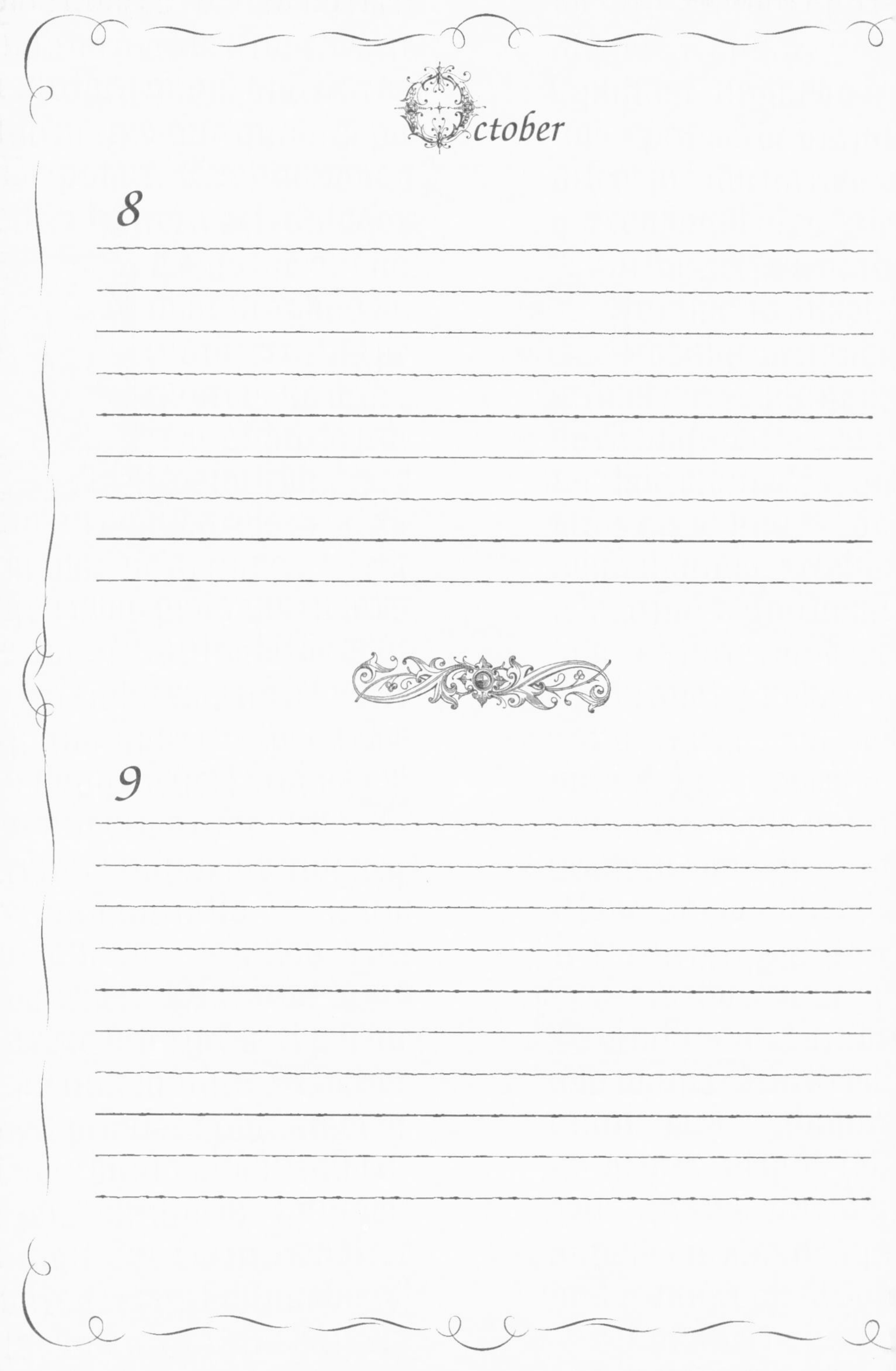

October

8

9

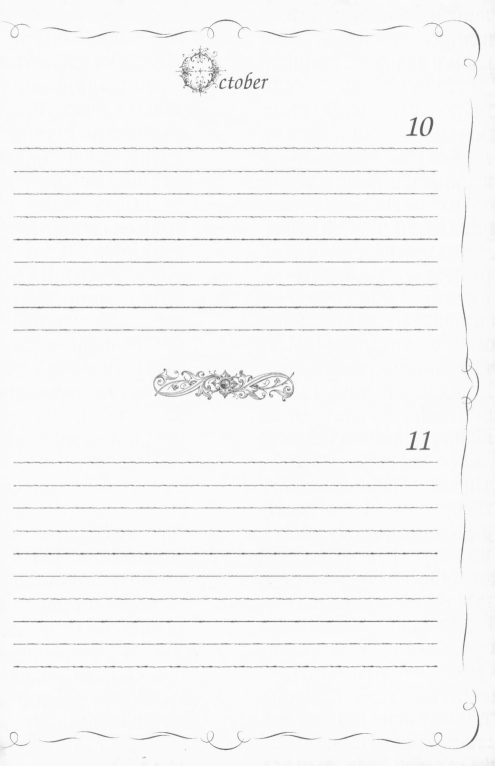

October

10

11

October

12

13

October

14

Notes

October

15

16

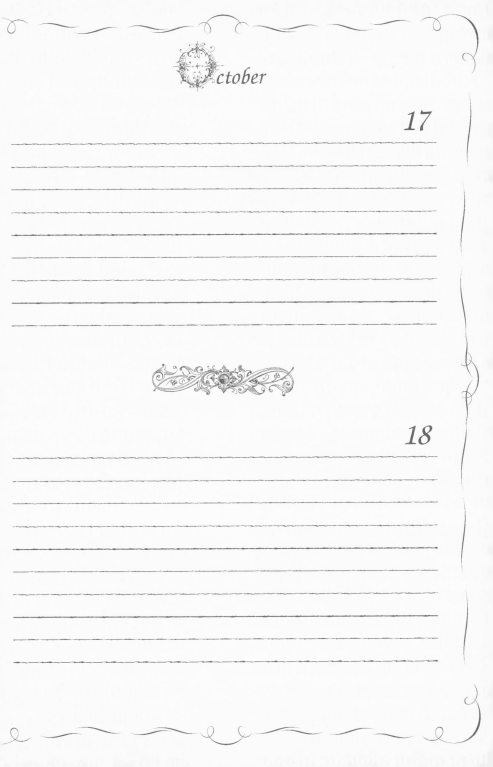

October

17

18

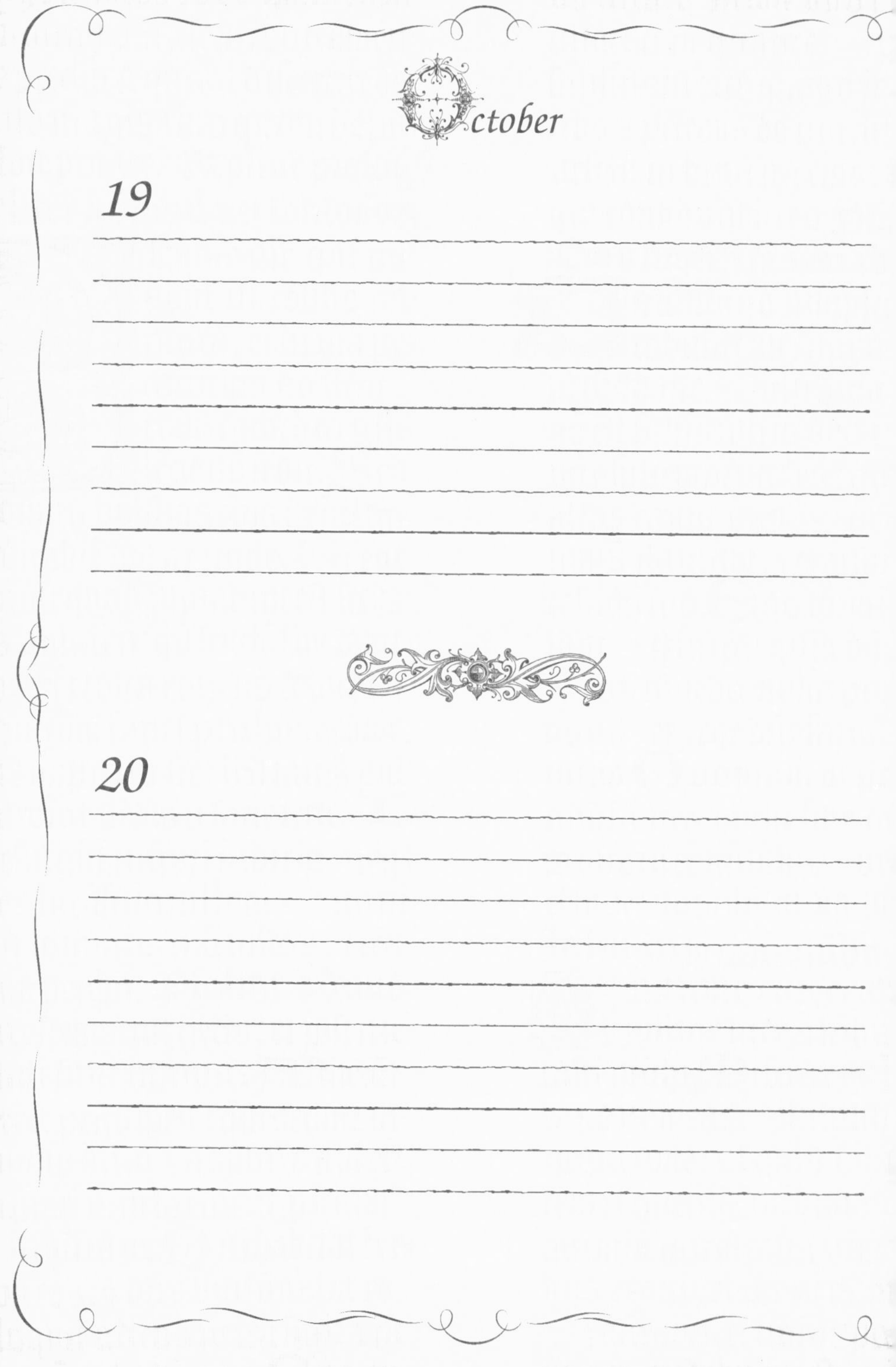

October

19

20

October

21

Notes

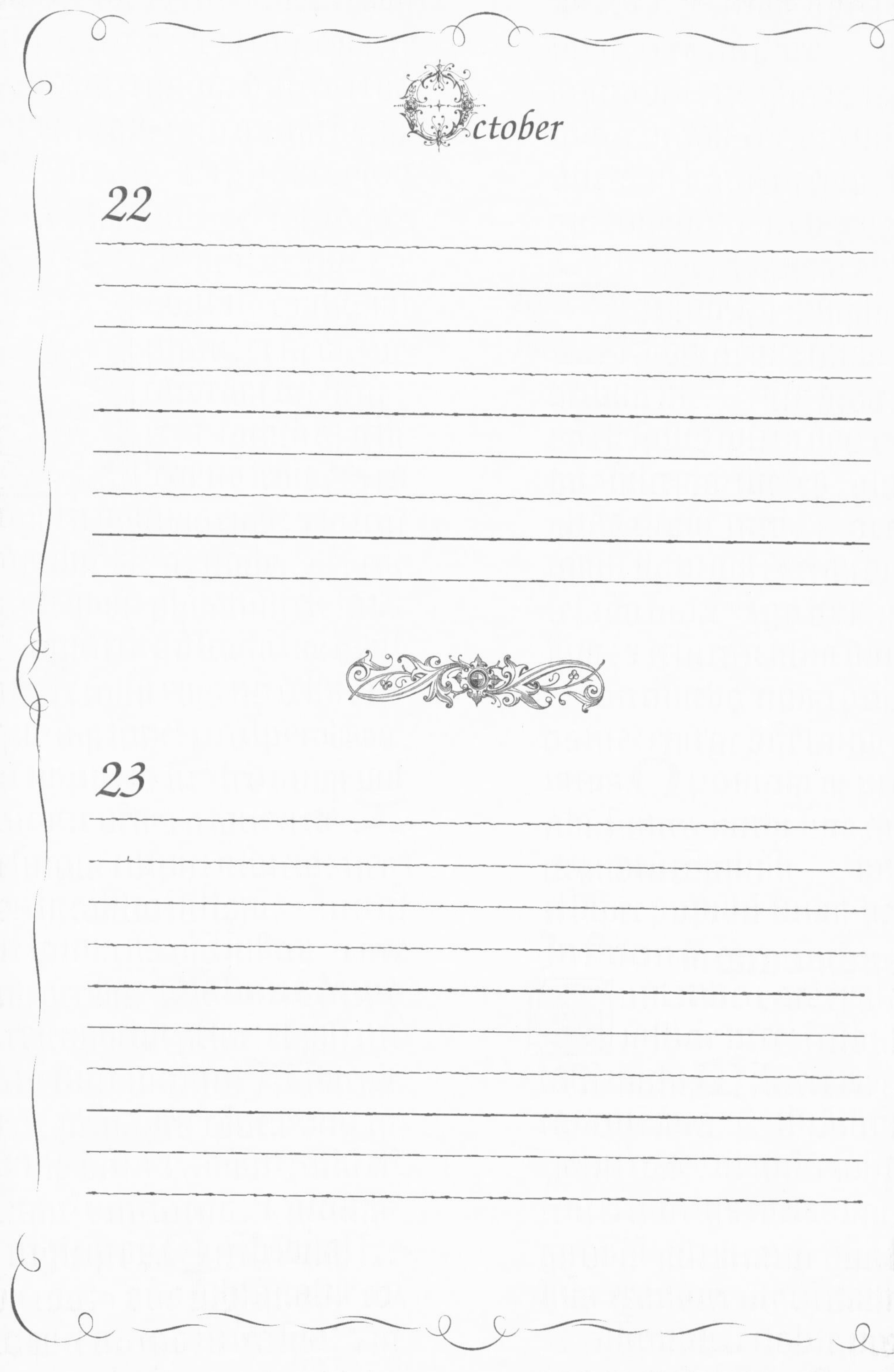

October

22

23

October

24

25

October

26

27

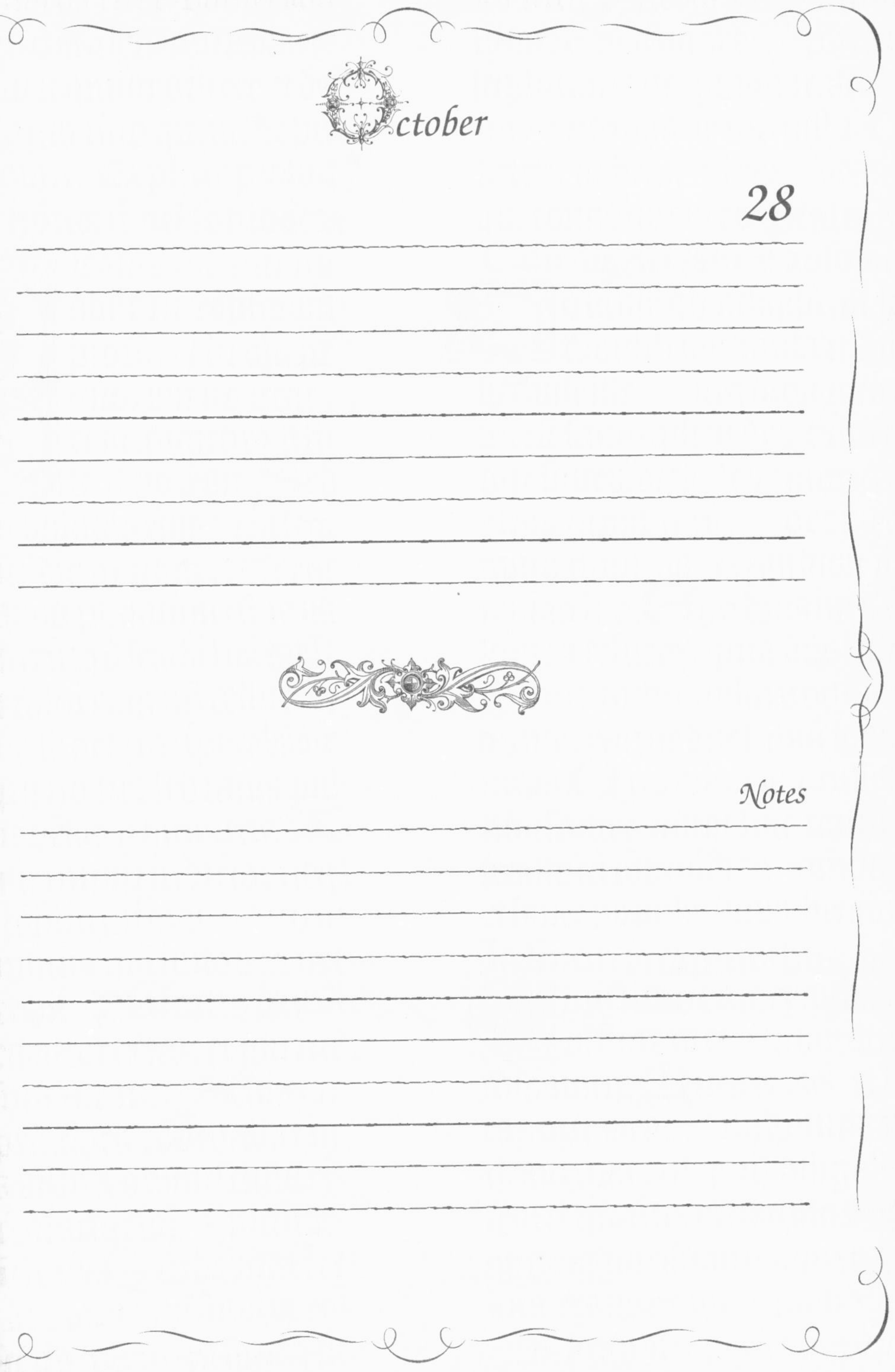

October

28

Notes

October

29

30

October

31

Notes

November

1

2

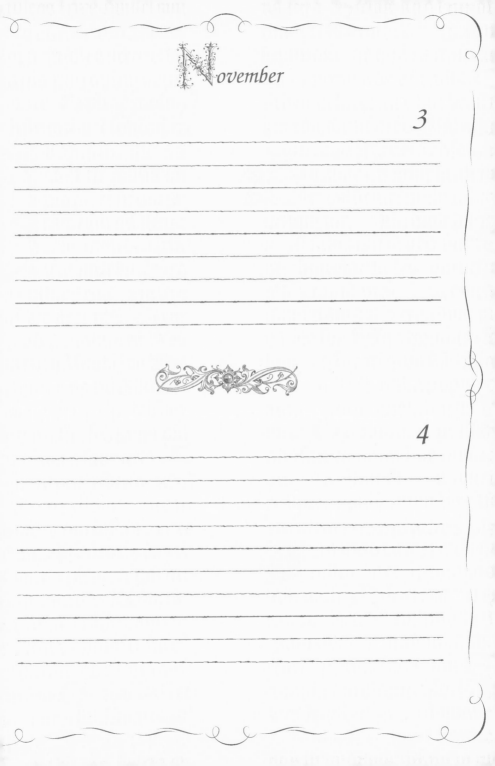

November

3

4

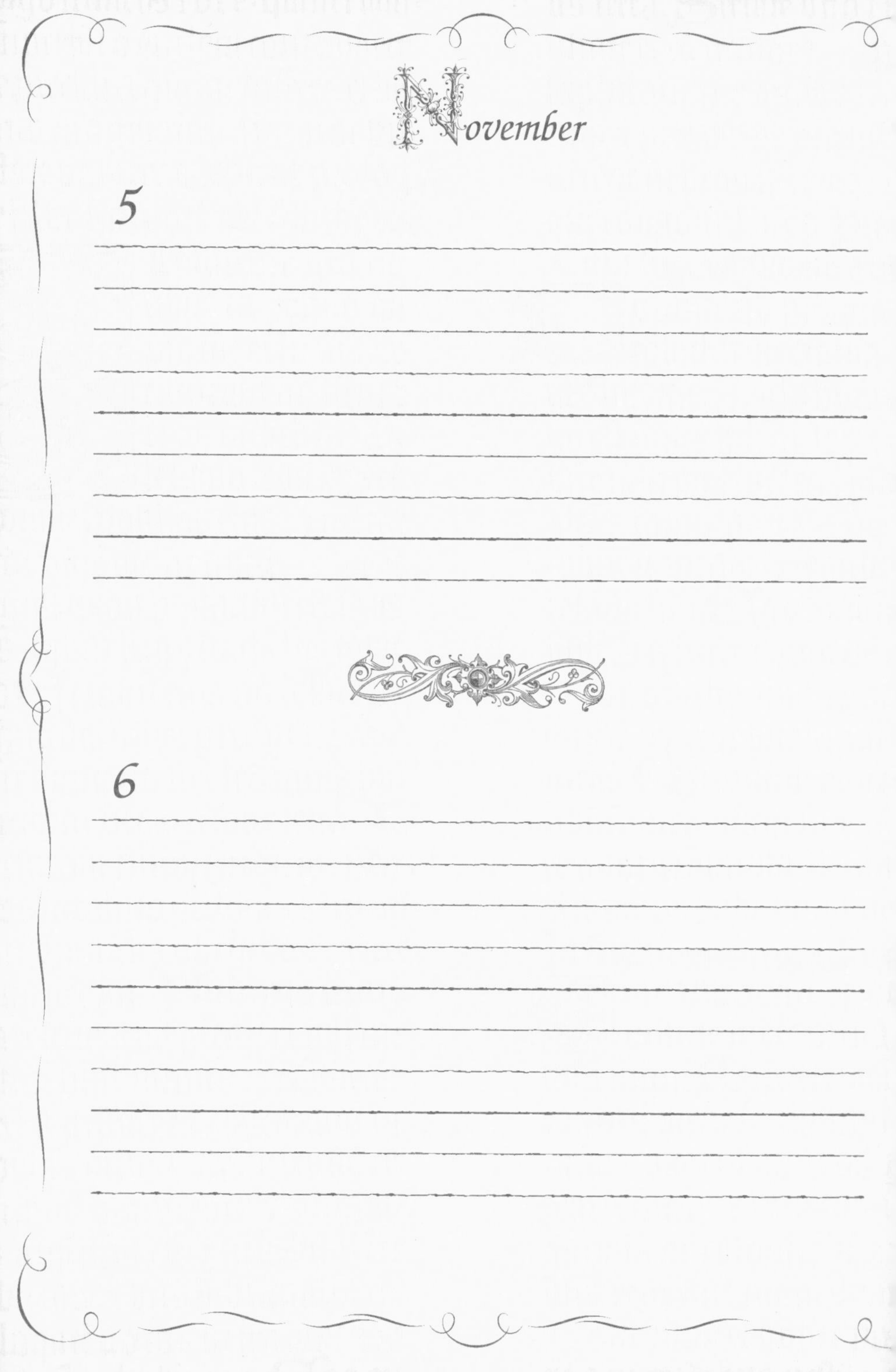

November

5

6

November

7

Notes

November

8

9

November

10

11

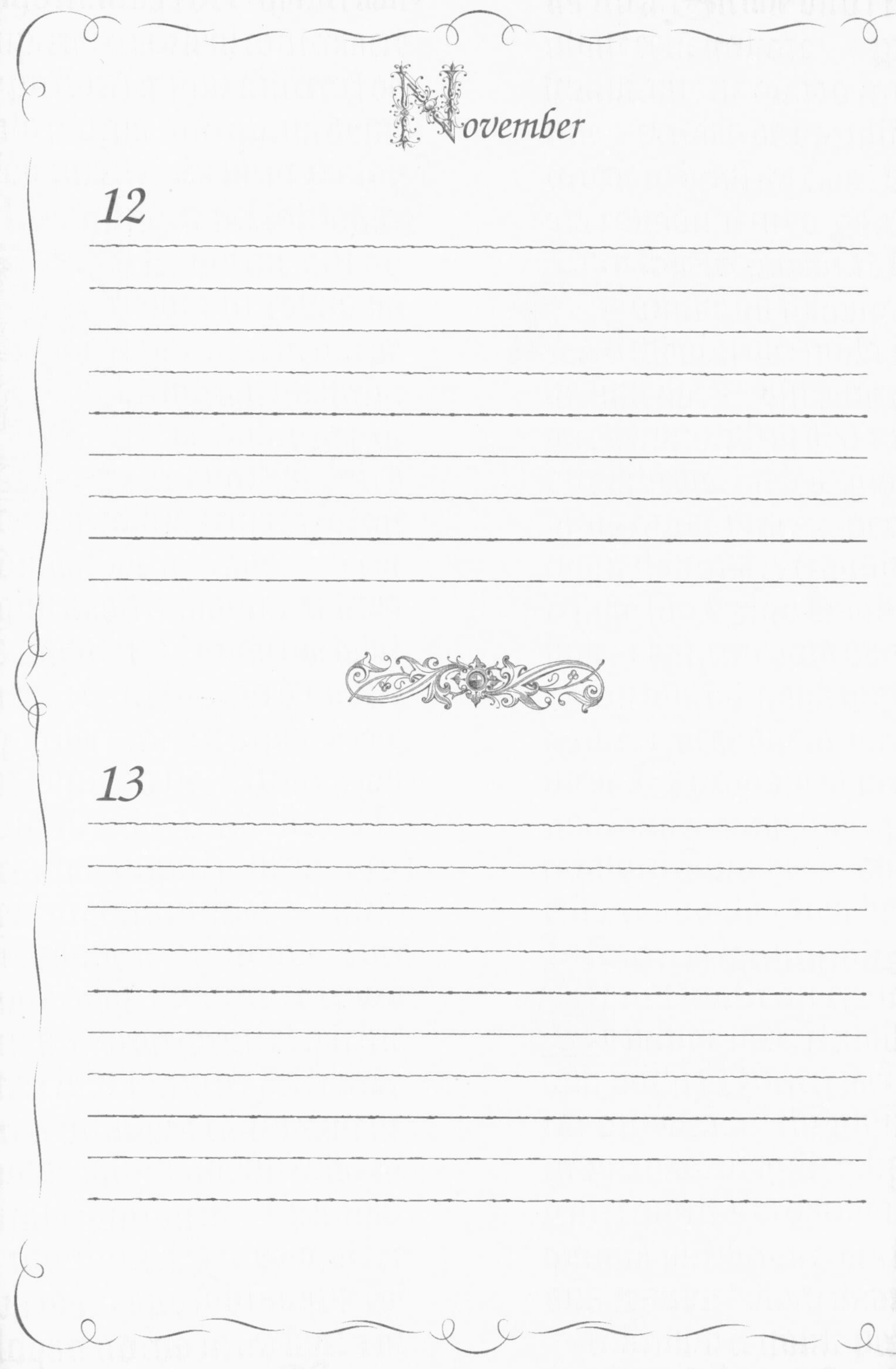

November

12

13

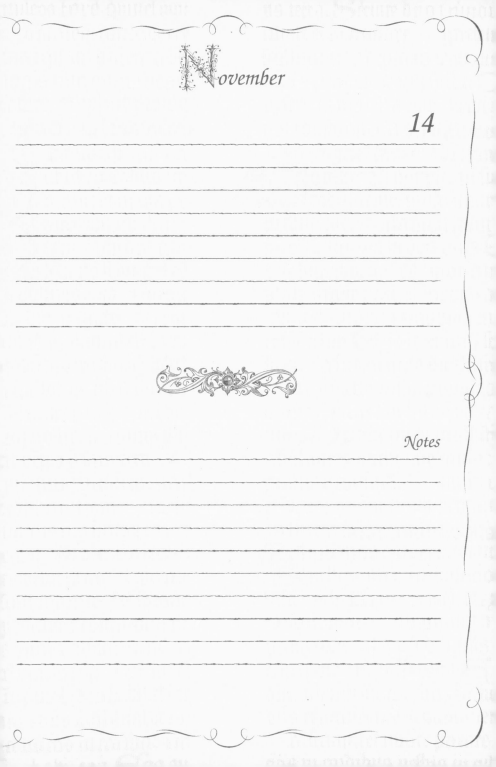

November

14

Notes

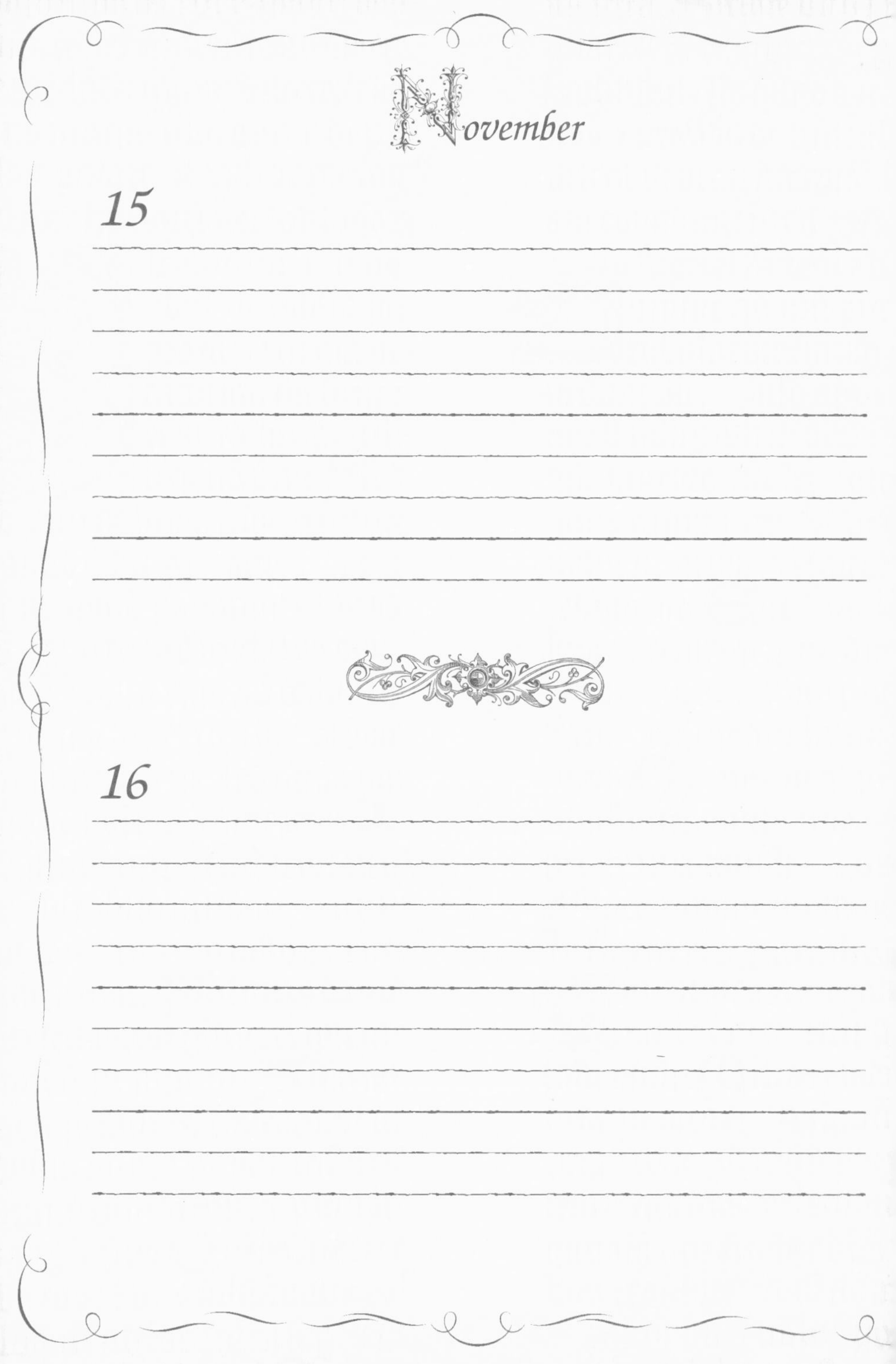

November

15

16

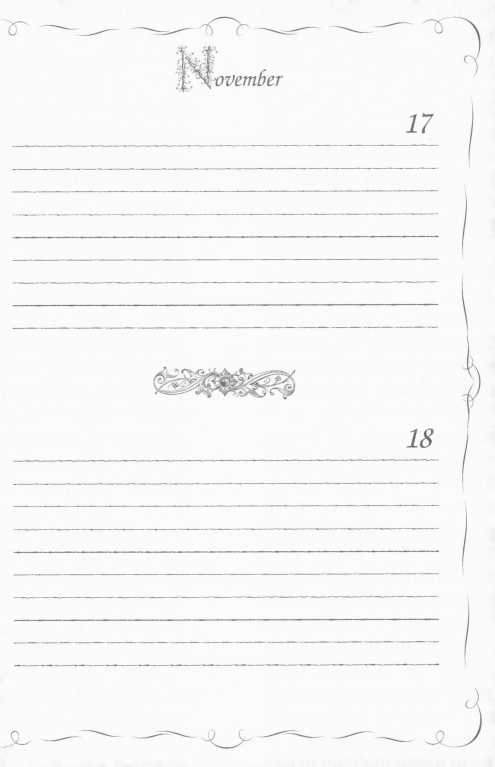

November

17

18

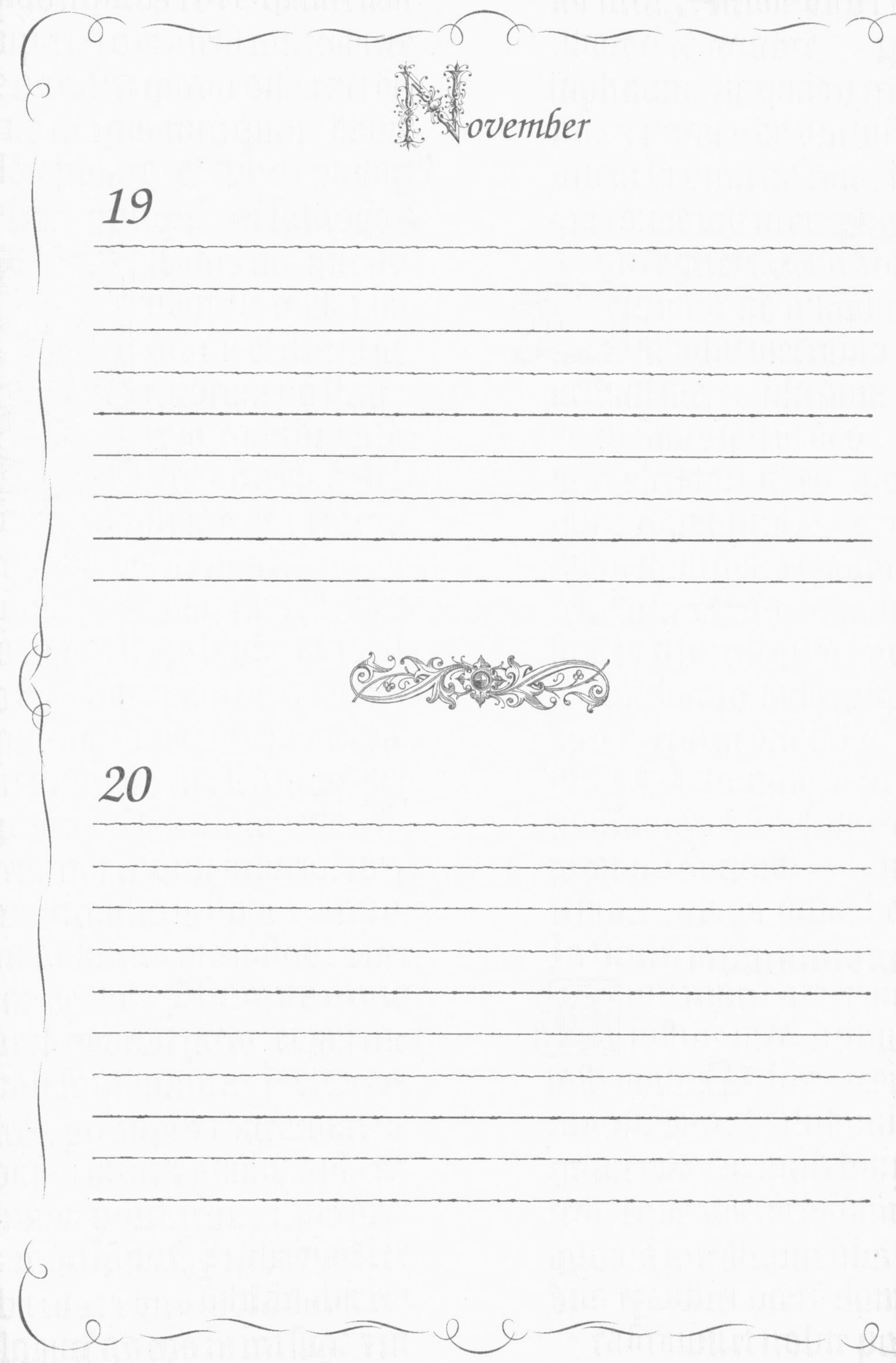

November

19

20

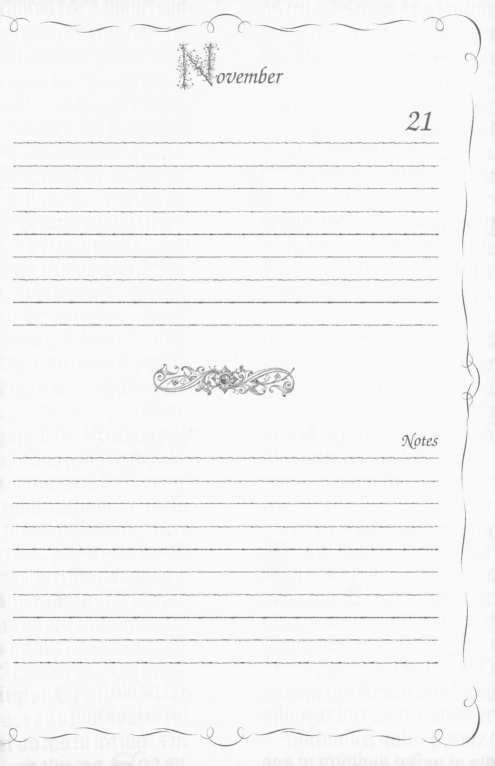

November

21

Notes

November

22

23

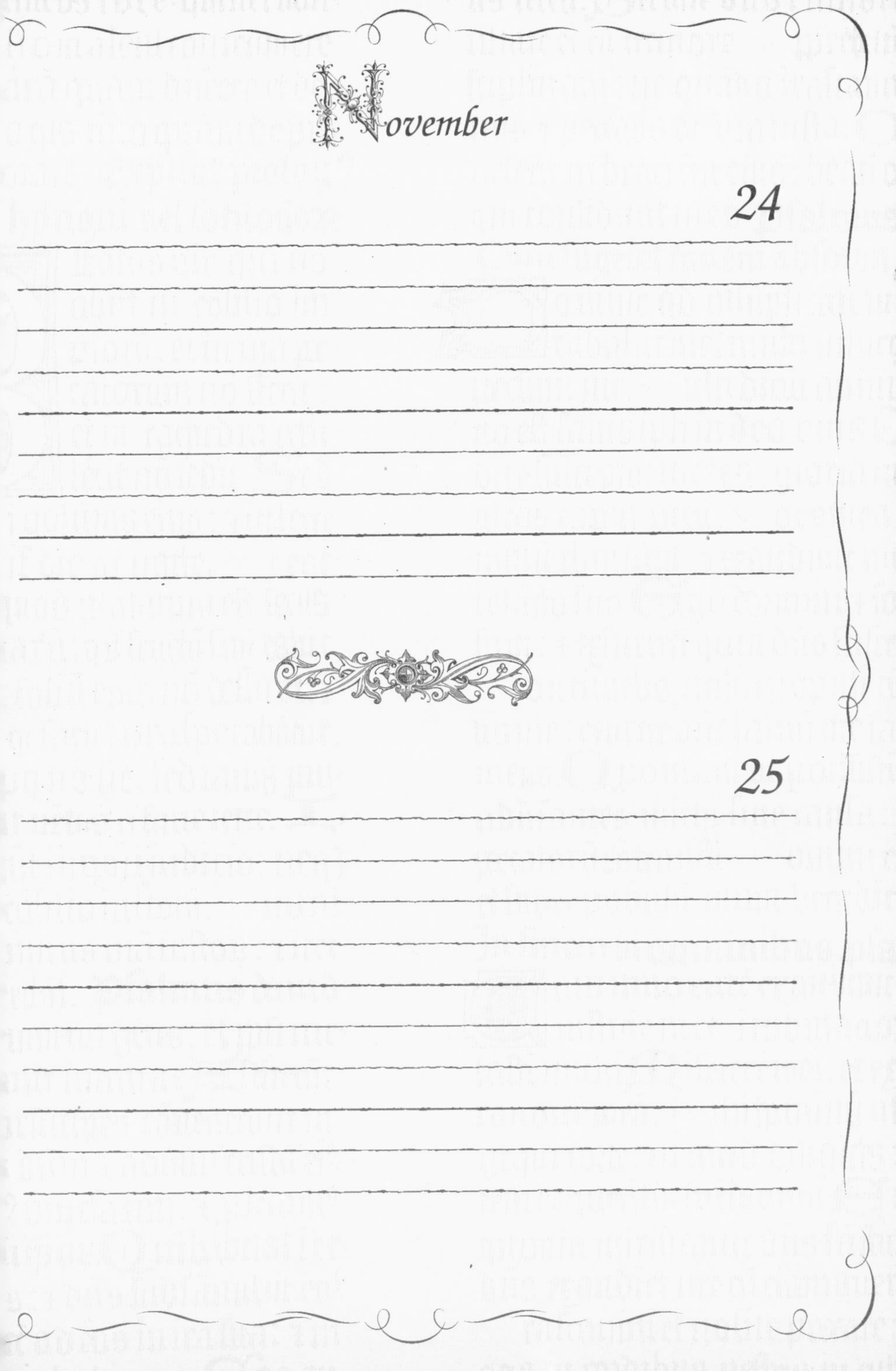

November

24

25

November

26

27

November

28

Notes

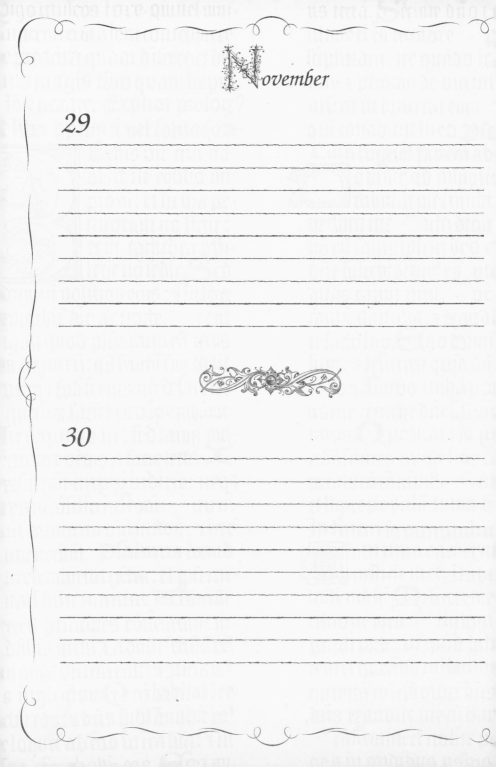

November

29

30

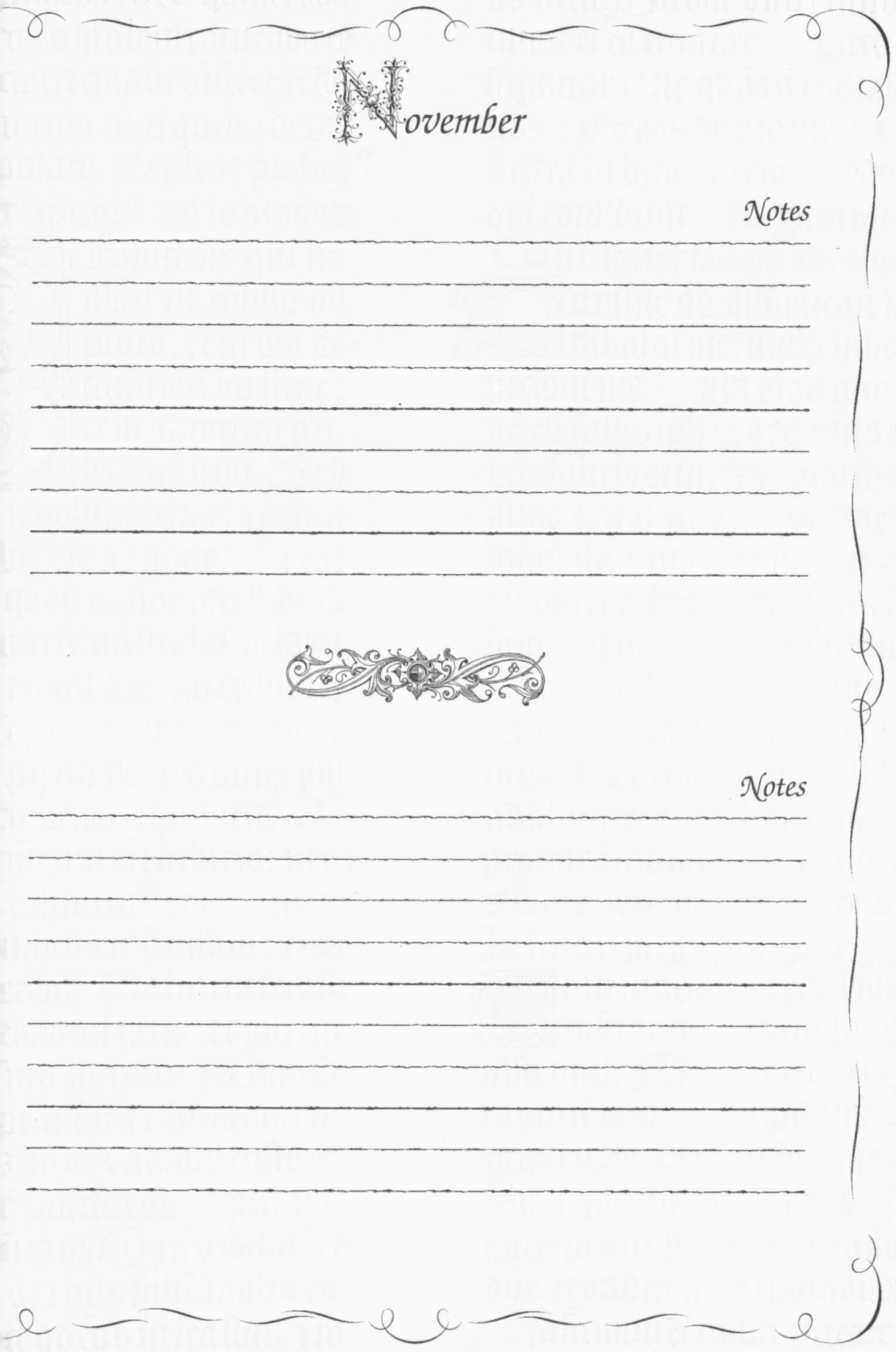

November

Notes

Notes

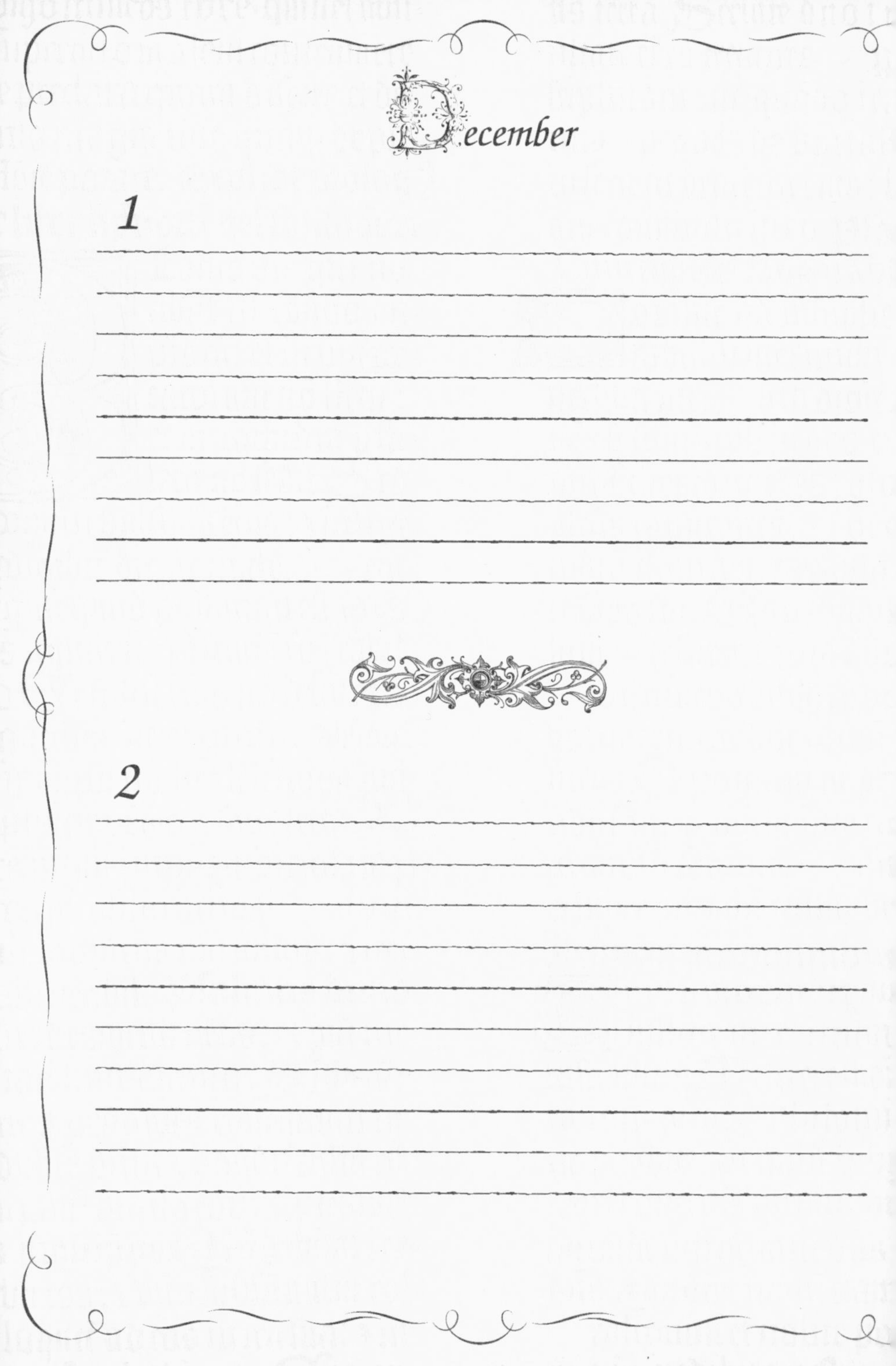

December

1

2

December

3

4

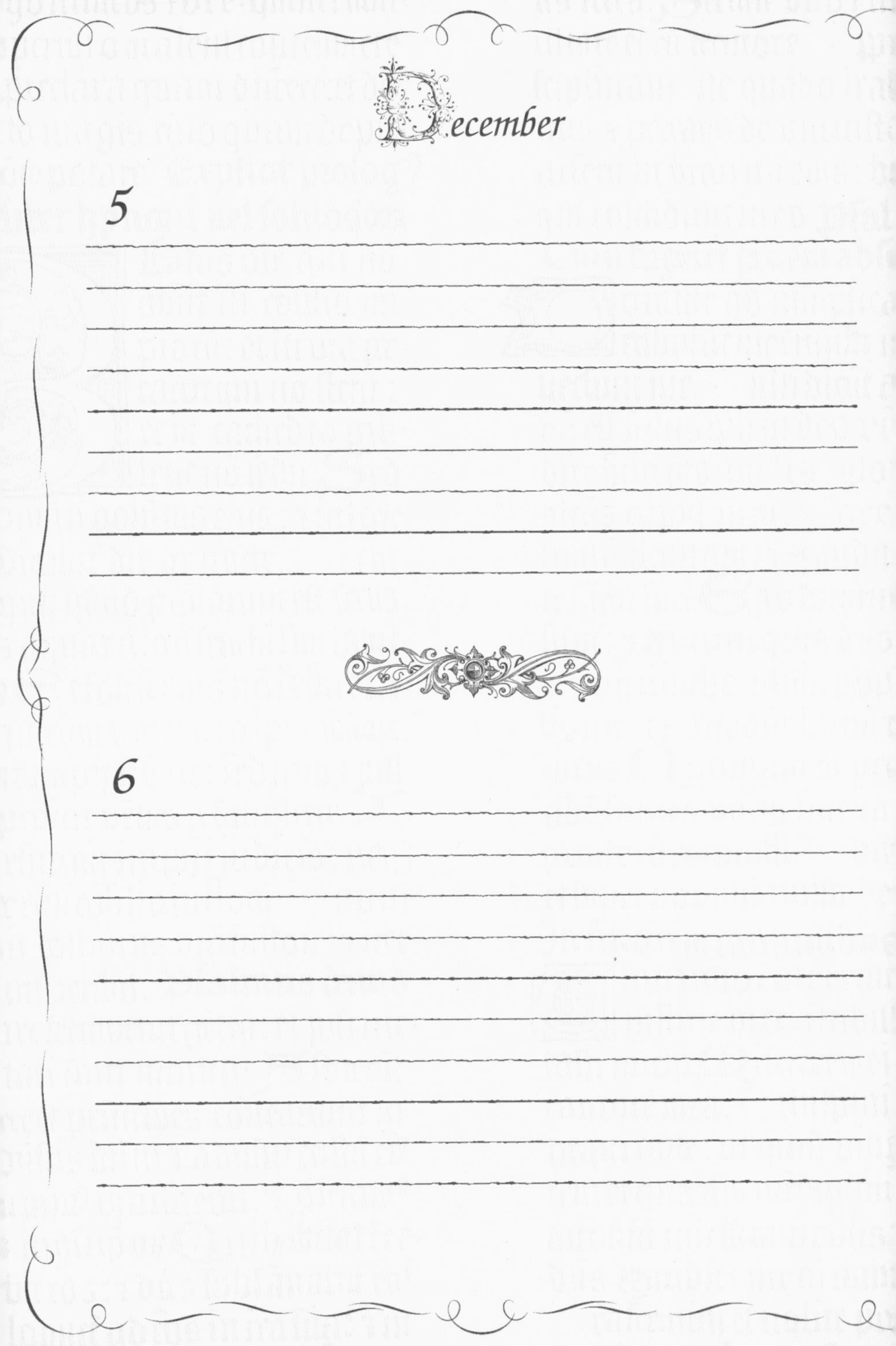

December

5

6

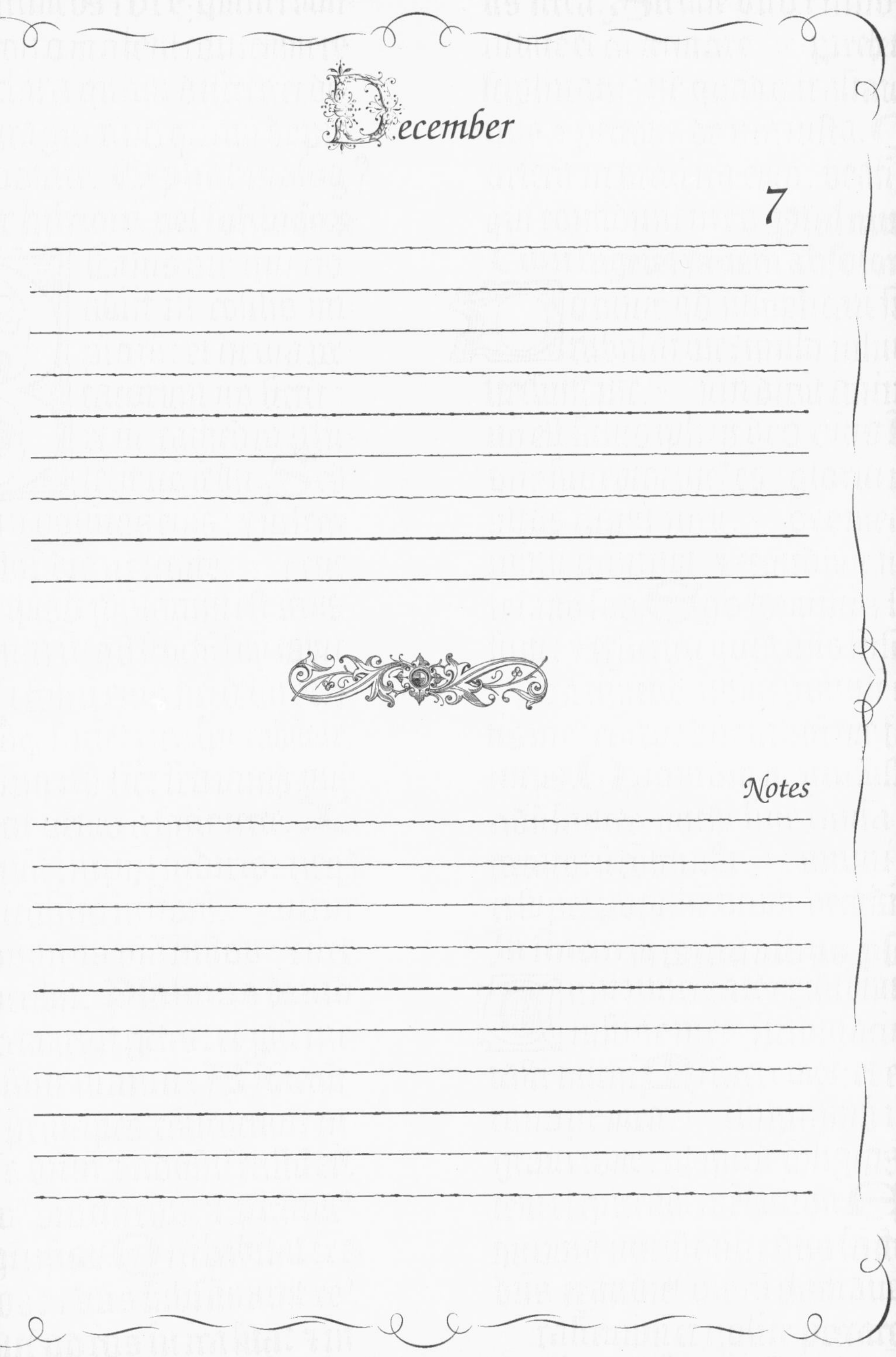

December

7

Notes

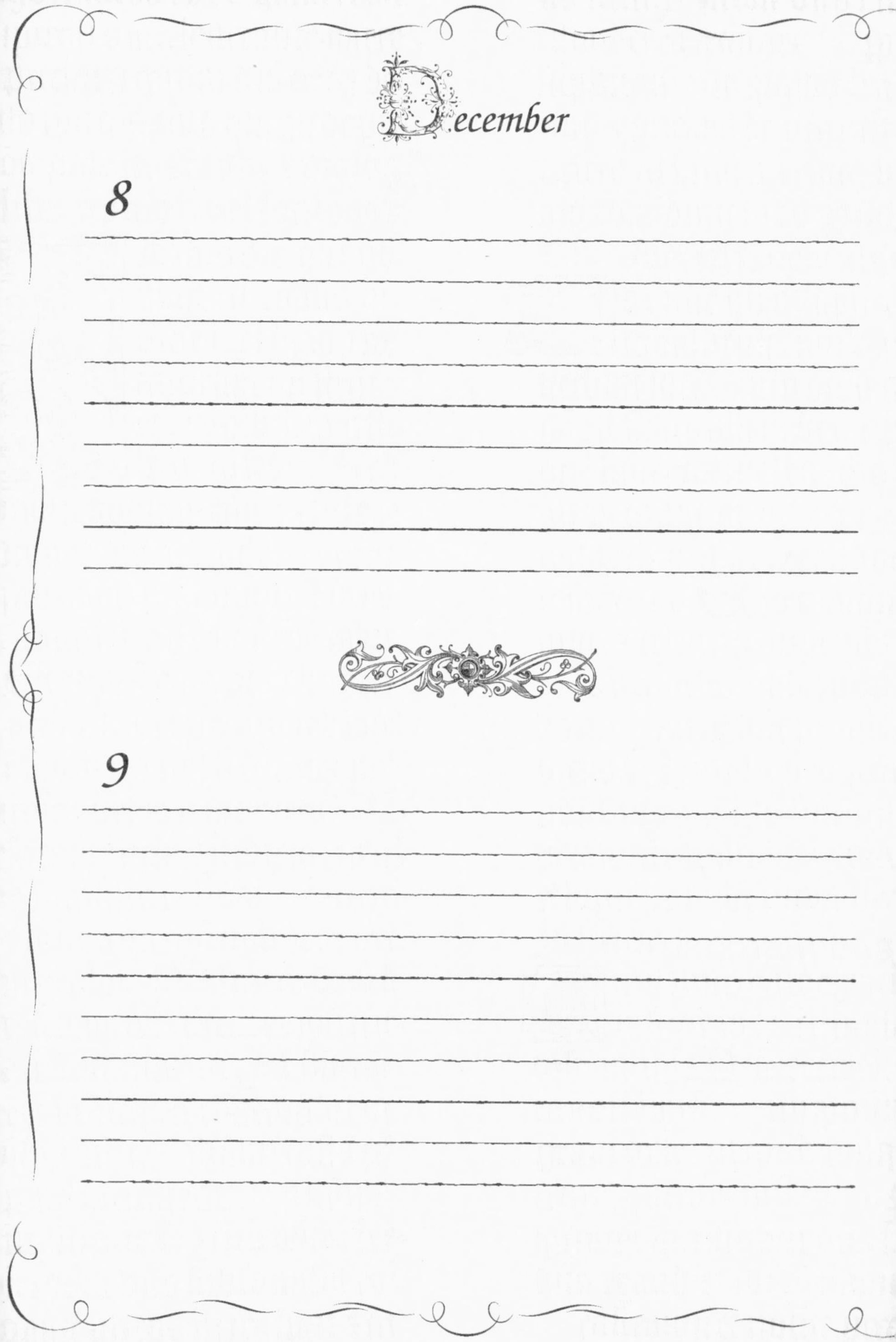

December

8

9

December

10

11

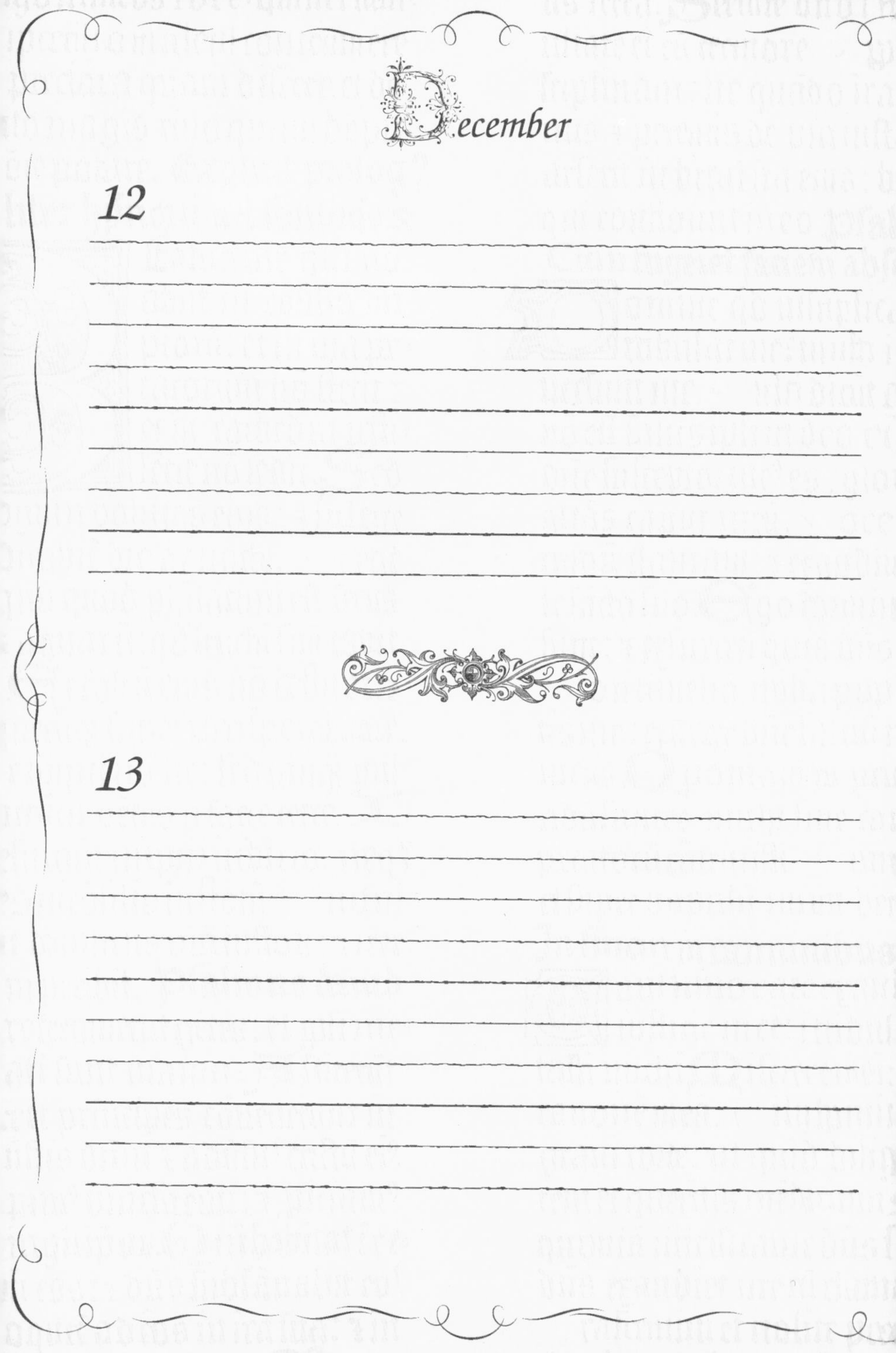

December

12

13

December

14

Notes

December

15

16

December

17

18

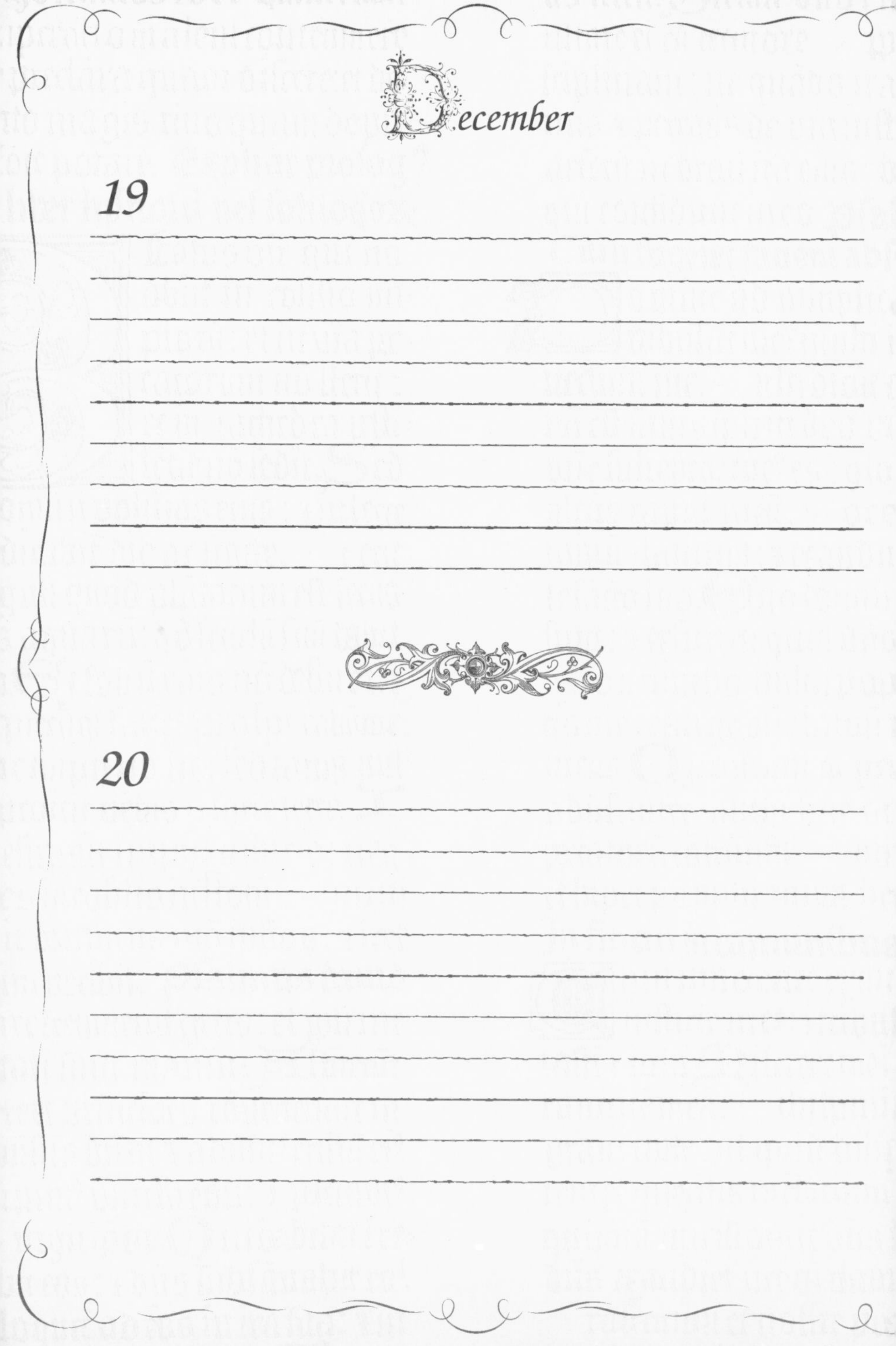

December

19

20

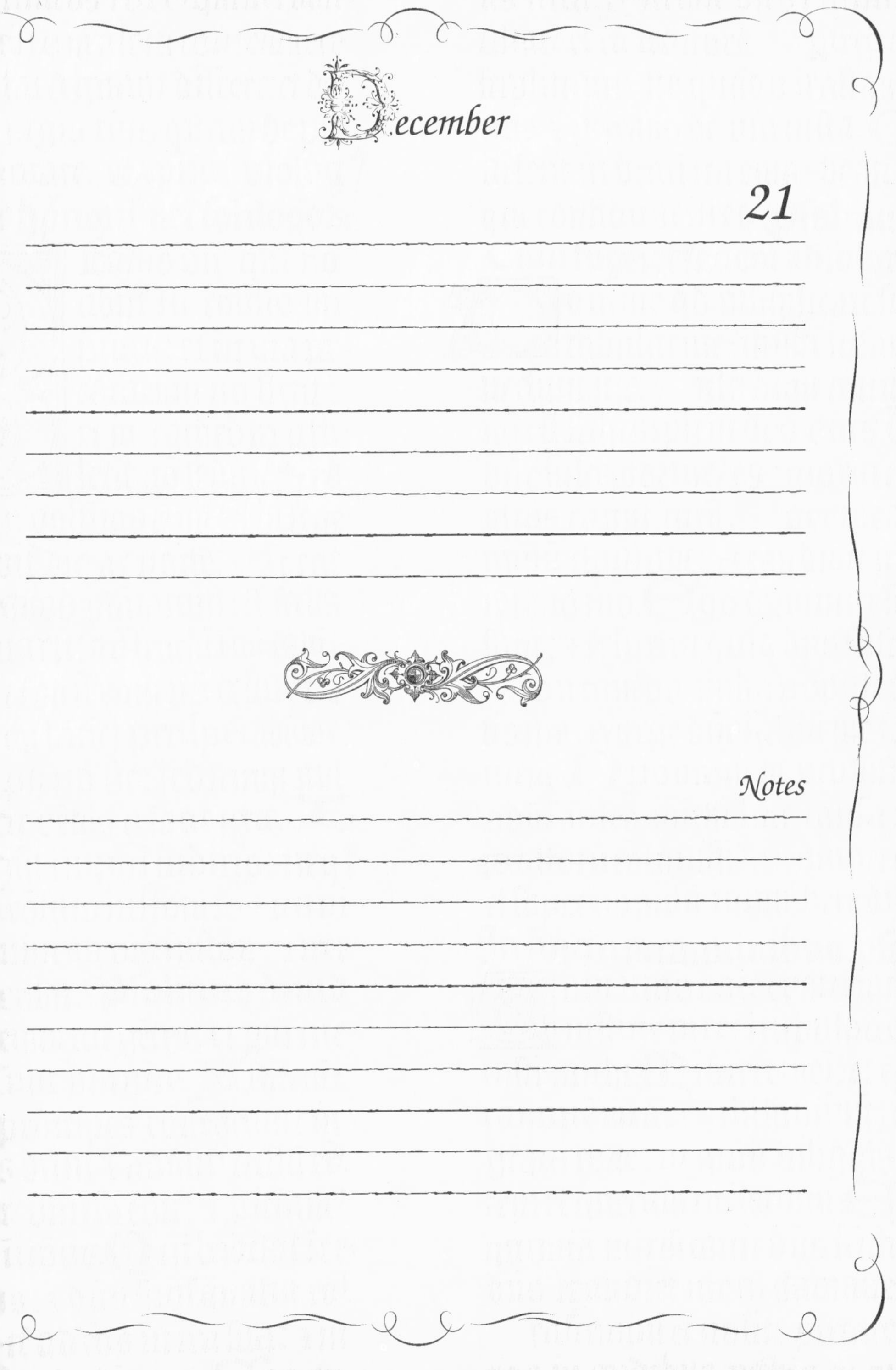

December

21

Notes

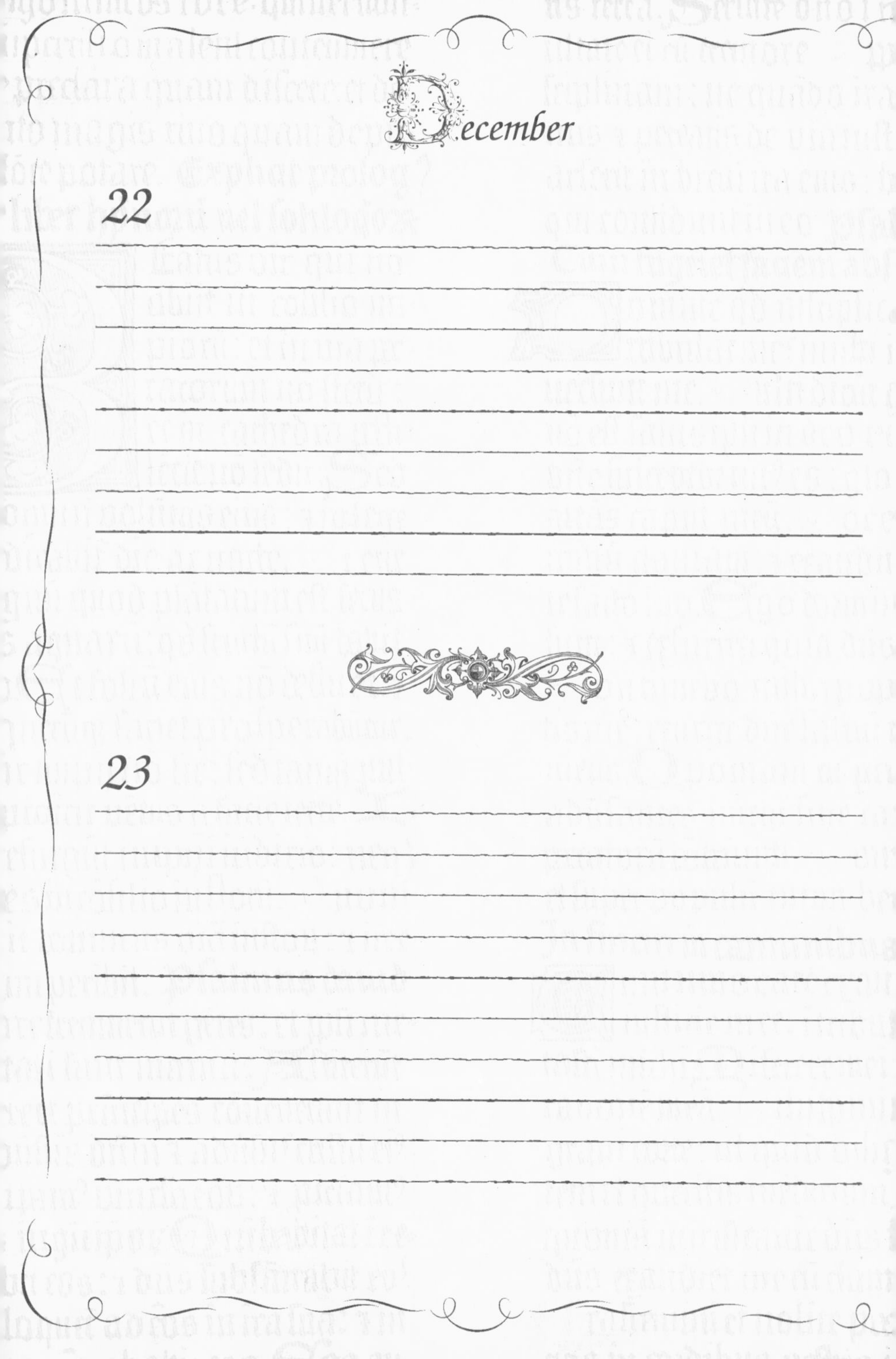

December

22

23

December

24

25

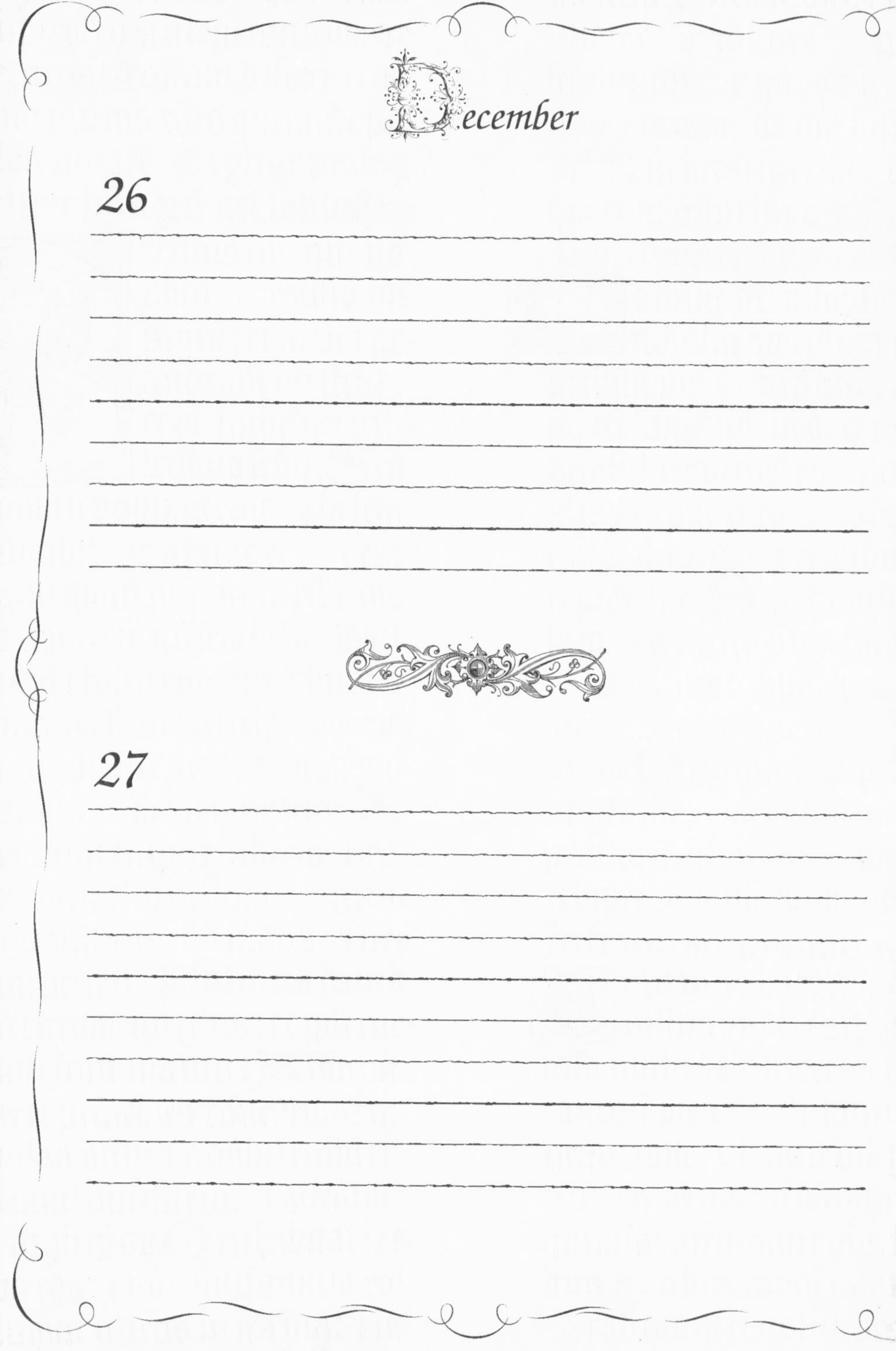

December

26

27

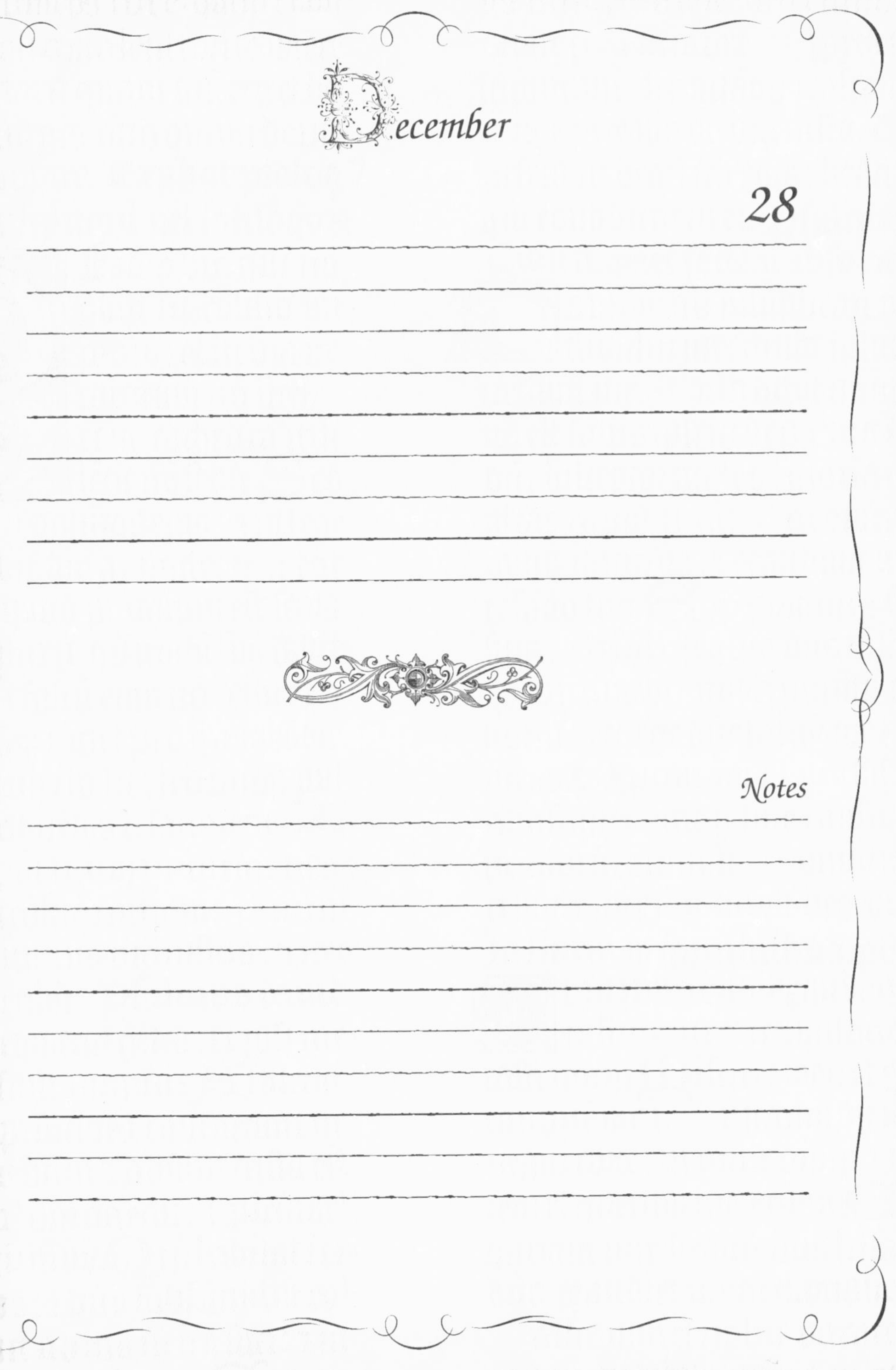

December

28

Notes

December

29

30

December

31

Notes

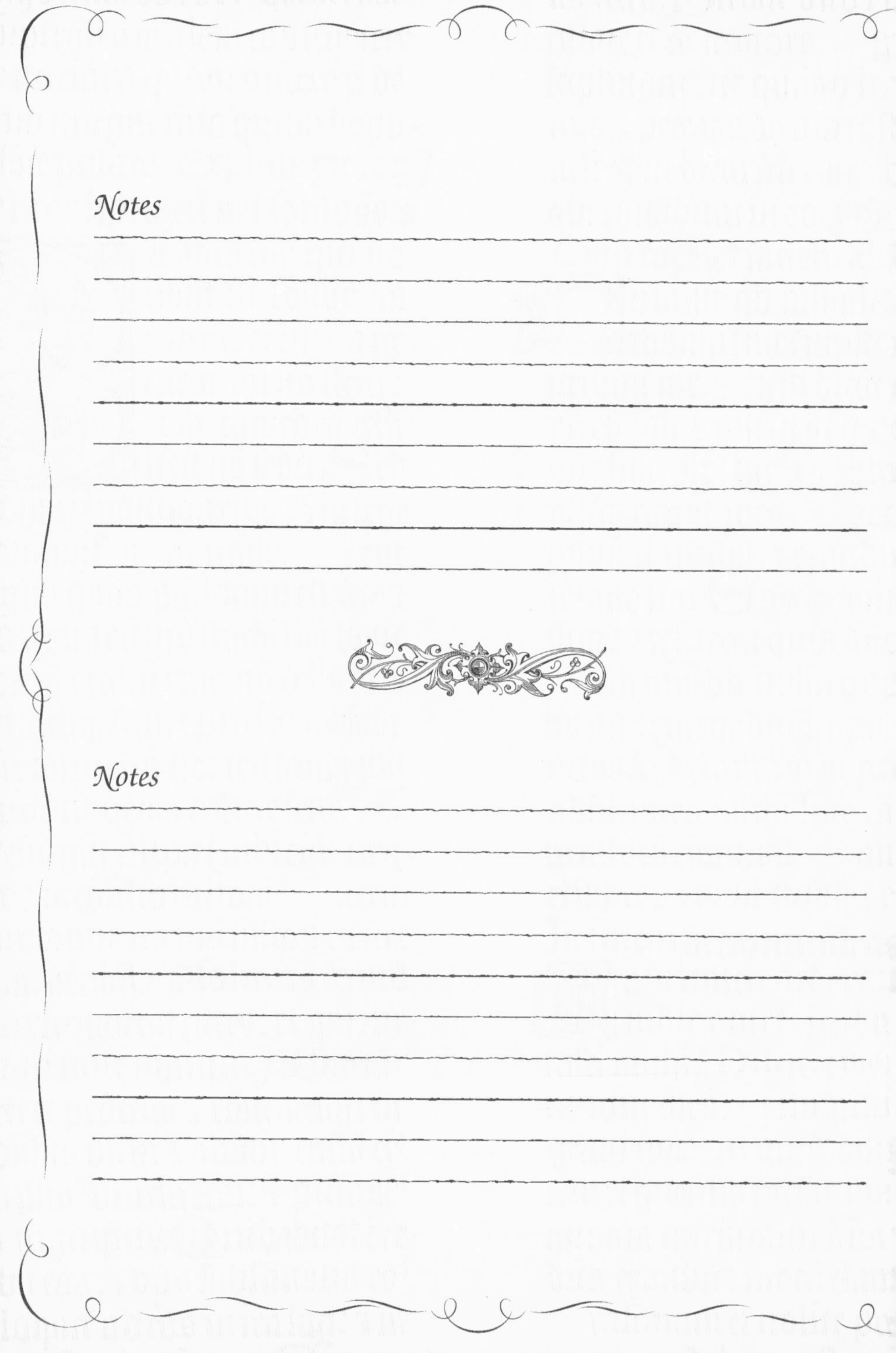

Notes

Notes

Notes

Notes

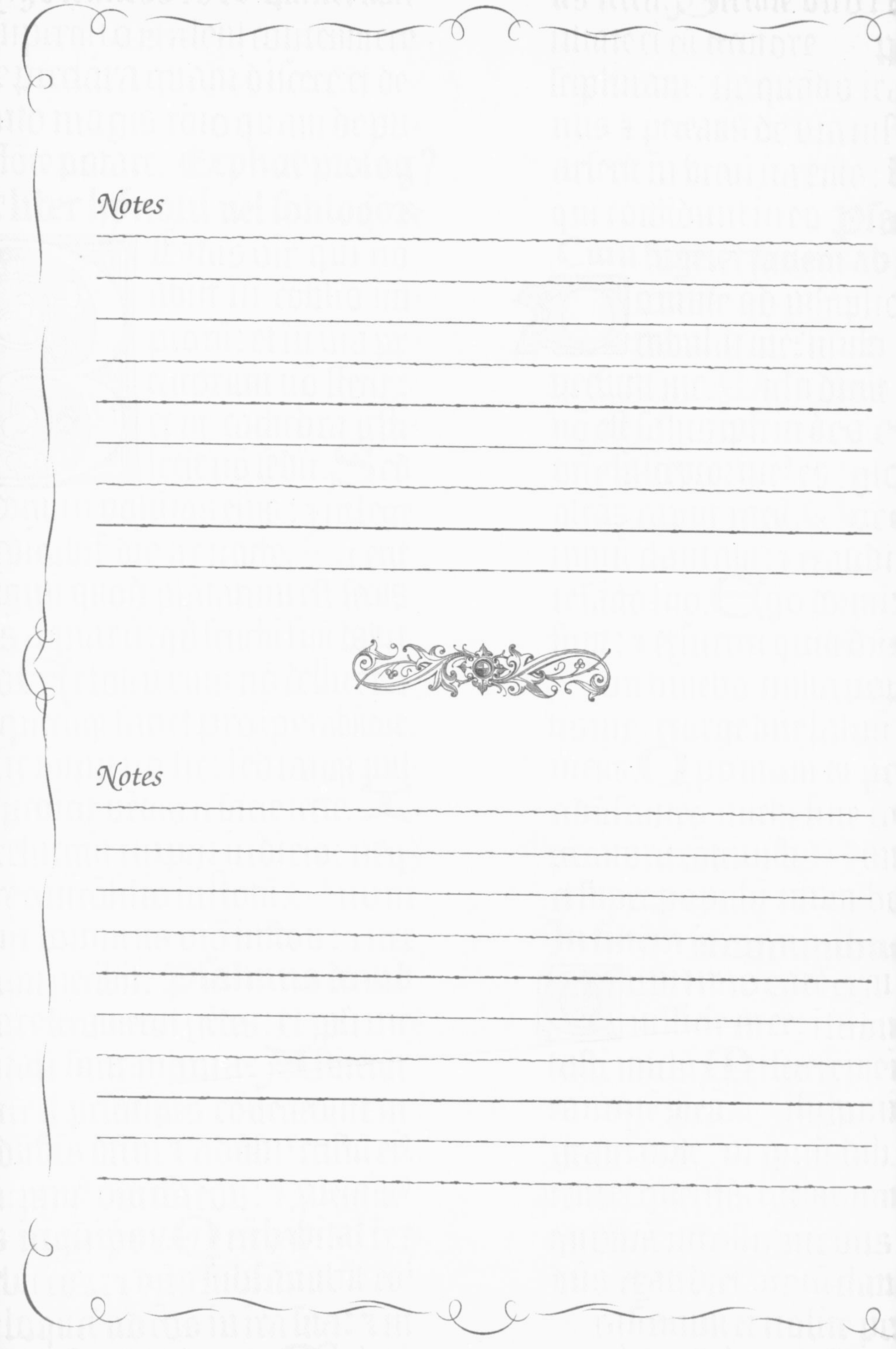

Notes

Notes

Notes
Notes

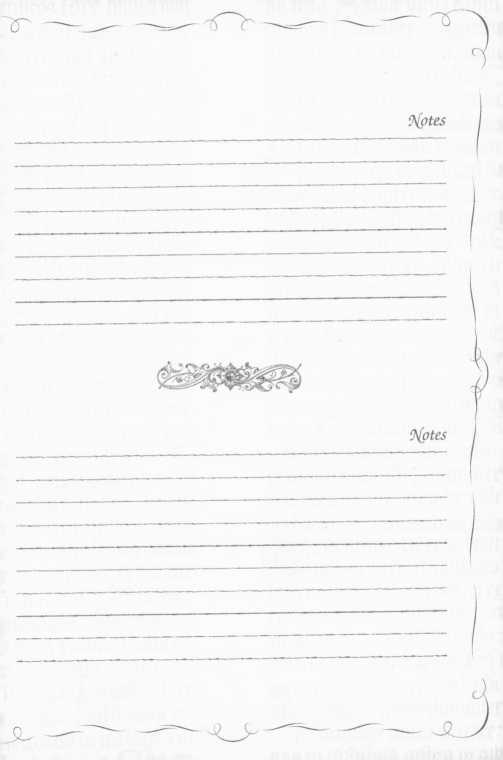

Notes

Notes

Notes

Notes

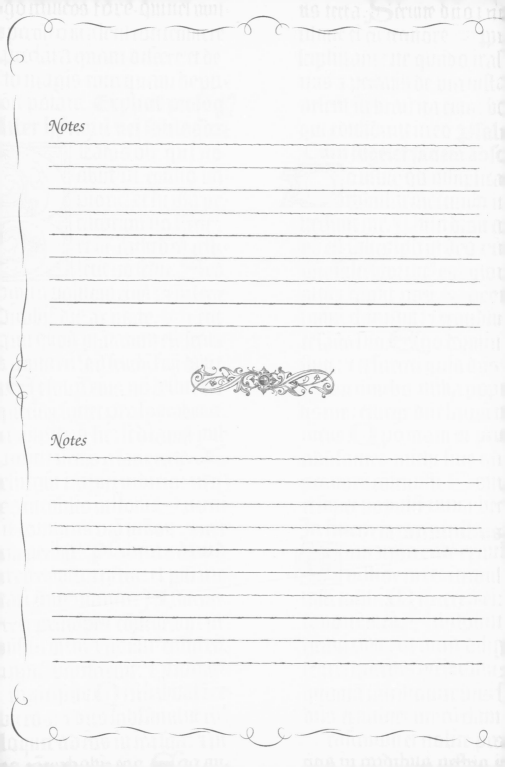

Notes

Notes

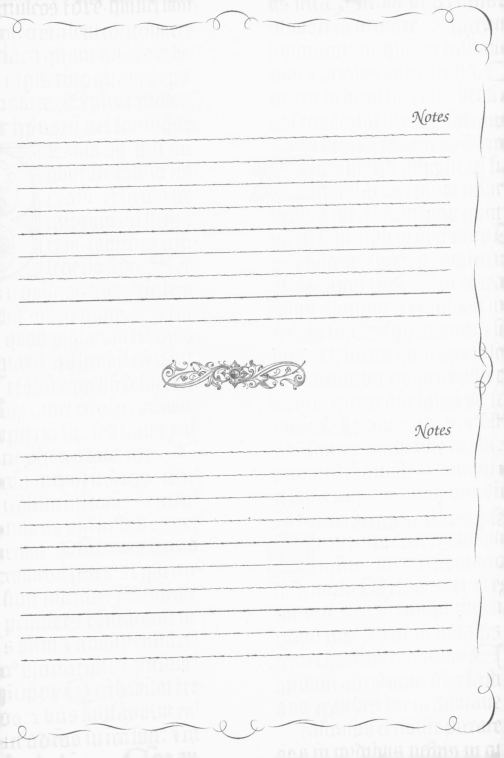

Notes

Notes

Notes

Notes

Notes

Notes

Notes

Notes

Notes

Notes

Notes

Notes

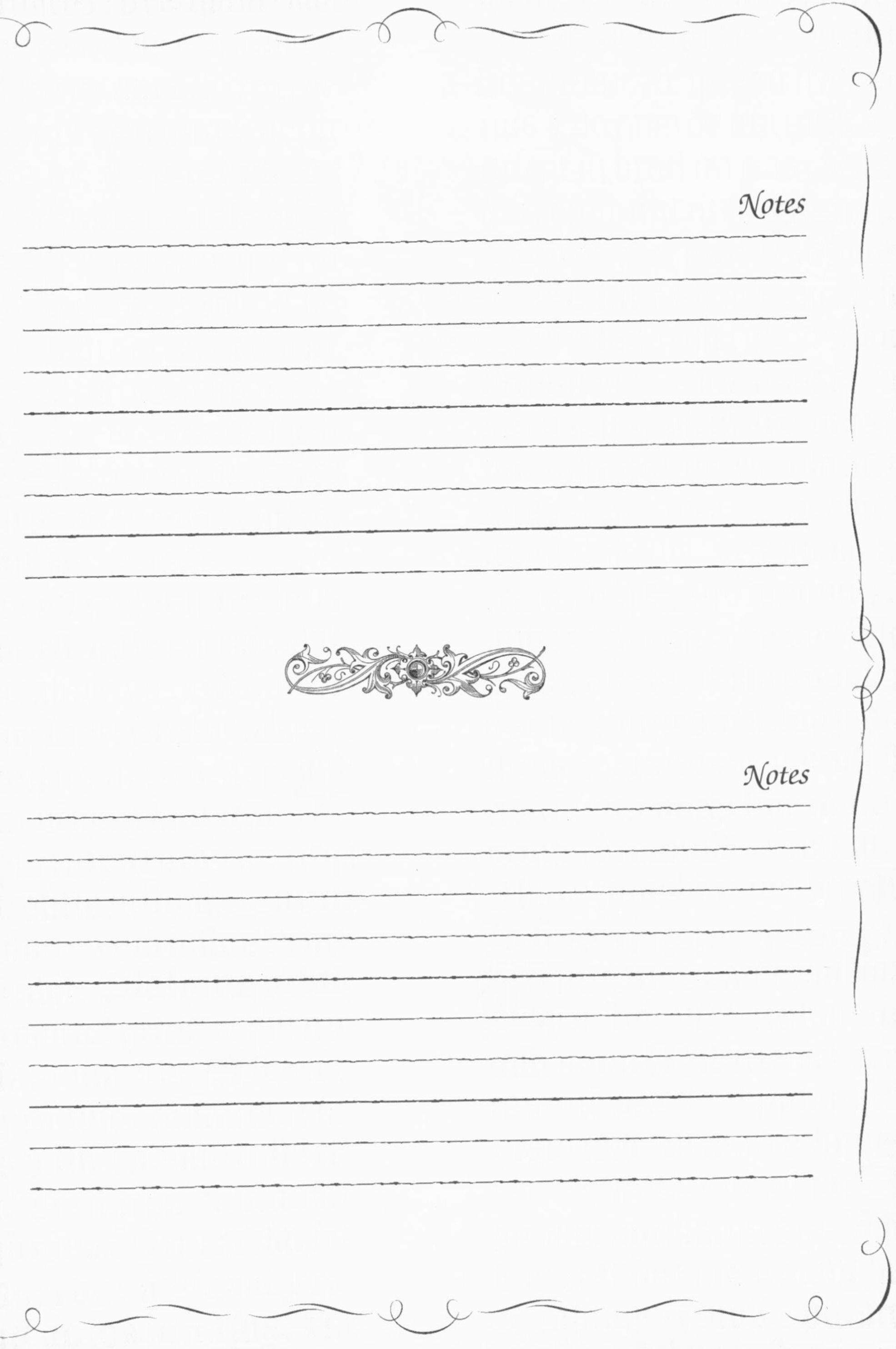

Notes

Notes

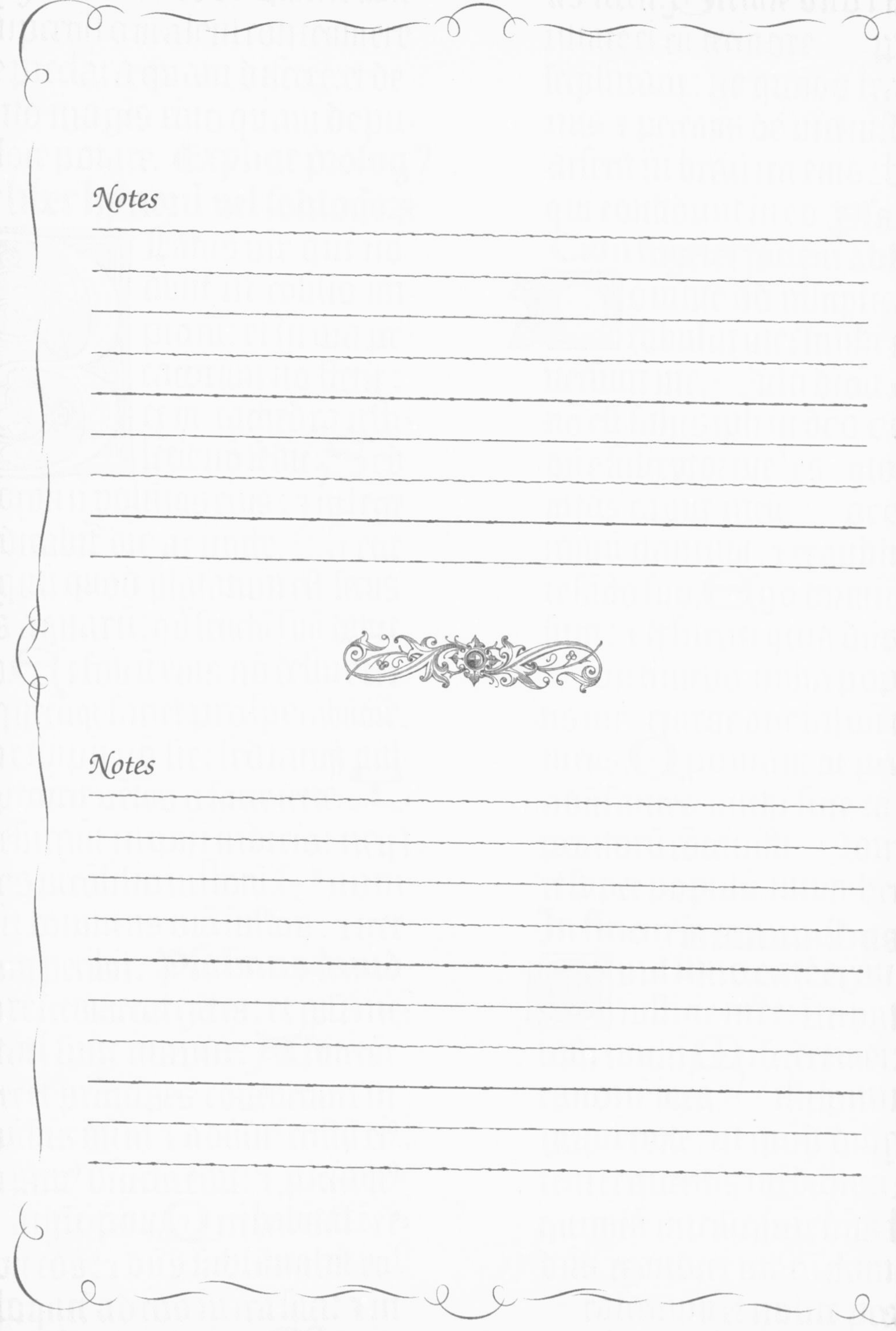

Notes

Notes

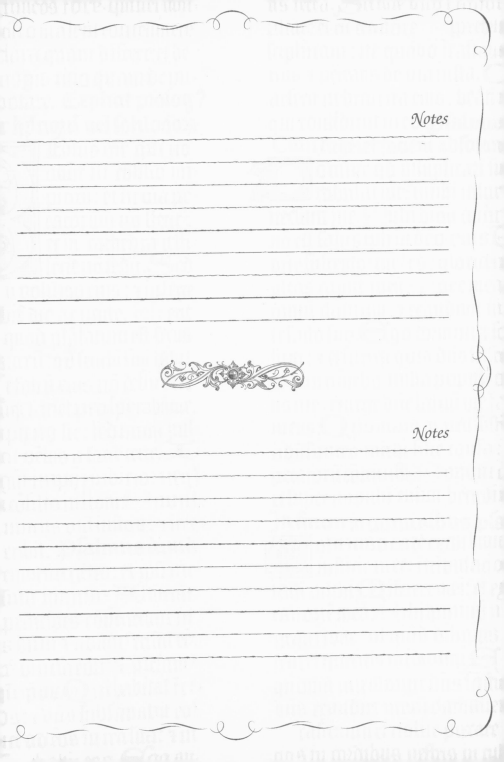

Notes

Notes

Notes

Notes

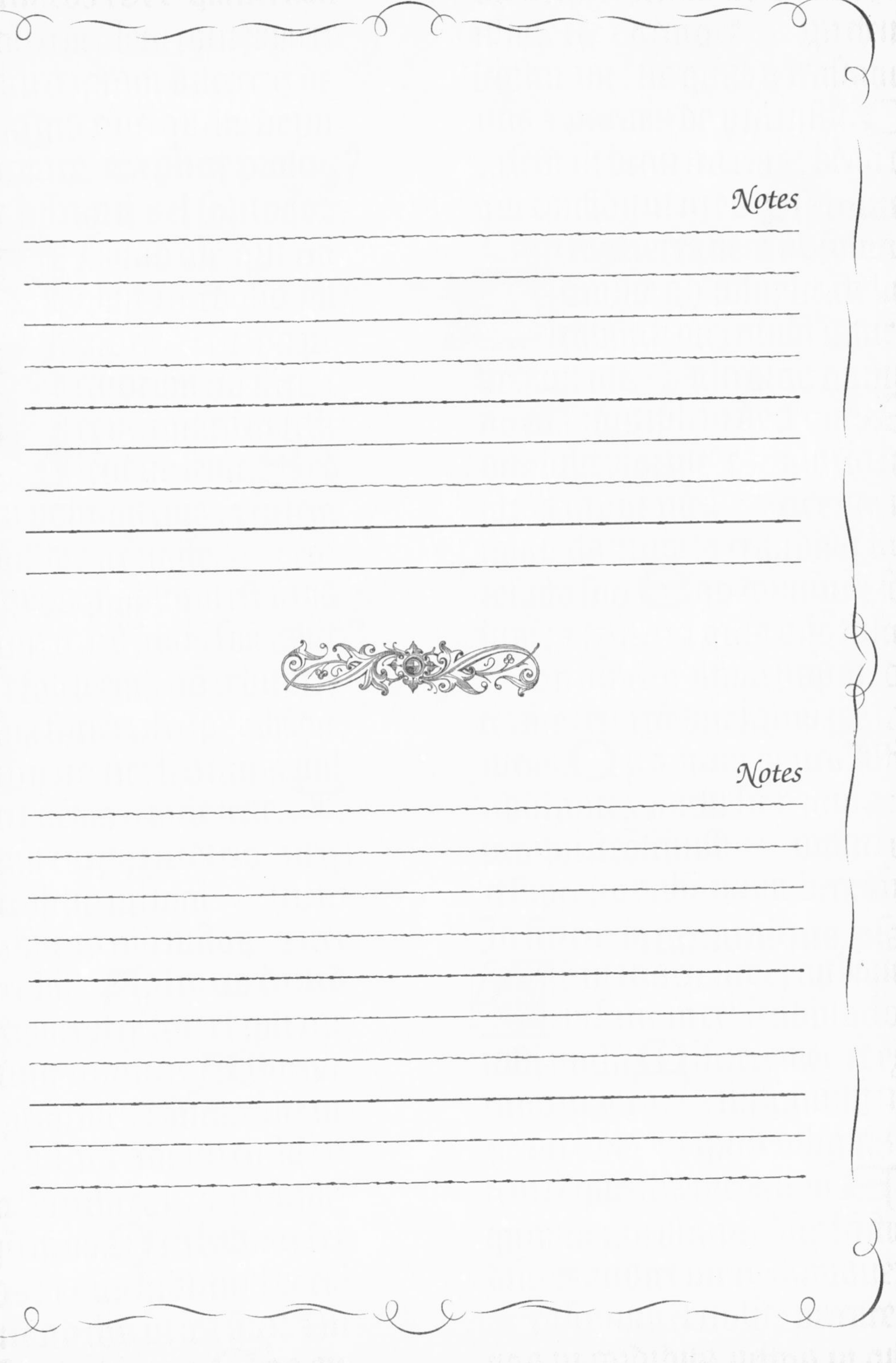
Notes
Notes